SPIN

De unges bog til forståelse af verden

Forord

Denne bog er inspireret af mit ønske om at bidrage med noget der kan vække de kommende generationer til at tage opgøret med autoriteterne og skabe en bedre verden...

Claus Bork

Forlag: BoD – Books on Demand, København, Danmark
Tryk: BoD, Books on Demand, Norderstedt, Tyskland
Omslag: Lene Holm, Graphique, Danmark
Omslagsfoto front: Colourbox.dk

ISBN: 9788776915667

Tilegnet mine børn Jesper, Sebastian, Casper og Liv og mine børnebørn Sixten, Lotus og Filippa – som skal forsøge at skabe sig et liv i den kaotiske verden min generation efterlader sig...

Tak til Lene Holm, Lisbeth Bork, Inger Lise Franke, Henning Holtov, Michael Bork, Vagn Jacobsen, Jesper Bork og Dave Hyatt for deres støtte, indspark, forslag, drillerier og opmuntringer i forbindelse med denne bogs tilblivelse.

INDLEDNING

Denne bog er skrevet til - og for DIG.

Den er skrevet til både unge kvinder og mænd, venstrehåndede og højrehåndede - af alle hårfarver, hudfarver, religioner, samfundslag, kulturer - spinkle og atletiske, tykke og tynde, kloge og ikke så kloge. Den er skrevet for at få dig til at forstå, at du en dag, om få år eller om nogle år, skal være med til at skabe en bedre verden end den, du voksede op i. Den er skrevet for at få dig til at være skeptisk over for alt det, mange voksne vil forsøge at lære dig, ganske simpelt fordi meget af det er forkert.

Det, at du er ung lige nu, gør dig til noget ganske særligt. Bogen skal ruste dig til at møde den verden, der venter dig, og som gerne vil bruge dig, misbruge dig og udnytte dig - fordi det er det, du bliver opdraget til. Hvis du læser og forholder dig til denne bog, er det mit håb, at du vil møde verden med en sund skepsis og forhåbentlig være med til at forandre den til det bedre.

Den verden, du vokser op i, er fyldt med betegnelser, begreber og navne på ting, som du skal lære at kende og at forstå. Der er store interesser på spil, og der er derfor mange, som gerne vil forklare dig, hvad alle disse ting betyder. De fleste af dem fortæller dig ikke sandheden.

Hvis denne bog vinder udbredelse og får mange læsere, vil der være meget store interesser i at svine synspunkterne i den til, latterliggøre den, forbyde den eller angribe forfatteren på alle mulige måder. Det skyldes, at bogen taler for at tage opgøret med alle dem, der forsøger at manipulere verden for deres egen vindings skyld. Det skal dog siges, at bogen repræsenterer mine, forfatterens, synspunkter og derfor ikke kan betragtes som upartisk. Den skal ses som et forsøg på at vække verden ved at sparke den i skridtet...

Du bør forholde dig kritisk til det, du får fortalt fra alle sider - også i denne bog. Det vigtigste er, at du forholder dig til det.

Da mange af de dokumentarer, som går imod 'den offentlige mening', løbende bliver fjernet fra nettet, er der taget backup af dem. De vil blive lagt på hjemmesiden www.northgate.nu – der vil du altid kunne finde dem. Man kan fjerne film fra Youtube, men man kan ikke fjerne dem fra Northgate...

Claus Bork, forfatter

"Truth is a tyrant - the only tyrant to whom we can give our allegiance. The service of truth is a matter of heroism."
- John F. Kennedy

Kapitelfortegnelse:

EN GOD HANDEL

Jeg har selv, før jeg skrev mine mange bøger og til sidst denne bog, arbejdet i den danske byggebranche igennem 35 år. Jeg var chef på mange byggepladser, små som store, og havde samarbejde med mange mennesker. En ting jeg tog med mig fra min egen opvækst som ung var, at 'en god handel er den handel, hvor begge parter tjener på den'. Det har, på mange måder, været en af de ting, jeg har tilstræbt igennem alle de år. Jeg måtte konstatere, at det kun var få, der havde den samme holdning til en god handel, som jeg havde. Måske er byggebranchen ret speciel...

Det pudsige var, at jeg klarede mig rigtig godt. Jeg forstod, at der er en god økonomi i ikke at snyde folk, men at lave gode forretninger sammen med dem.

Der sker nemlig det, at når man møder nye mennesker, man ikke tidligere har arbejdet sammen med - i en branche som er kendt for, at alle forsøger at snyde alle - så lærer man hurtigt at tage sine forholdsregler. Så når man sidder og taler priser - hvad ting skal koste - så lægger folk en masse penge på prisen til risiko. De kender jo ikke den, der er chef for opgaven, og er derfor nødt til at tage deres forholdsregler. 'Han er jo sikkert nok ligesom alle de andre, der snyder mig til sidst...'

Når man så har gennemført en opgave sammen, og partnerne har lært, at der ikke er nogen, der snyder nogen, så vil de gerne være med på den næste opgave. Og det er der en god økonomi i...

En god handel kan også handle om andre ting...

I dag synes jeg, verden er meget anderledes - den verden du er ung i.

På mange måder synes jeg, at den verden, du er ung i, er hårdere og mere uoverskuelig - end den verden jeg var ung i, dengang for længe siden, lige efter den sidste istid...

Når jeg ser TV eller er på nettet, vælter det ind med reklamer, der handler om hurtigt at blive rig, hurtigt at blive berømt eller hurtigt at blive kendt. Helst det hele på samme tid...

I dag er det næsten ligegyldigt, om man kan noget som helst, bare man er kendt.

I dag er man en 'reality stjerne' i aviserne, hvis man har ligget og bollet live på TV og vist sin bare røv i Paradise Hotel. Eller man som Sidney (det er lige meget) Lee ikke kan finde ud af at sige 'boller fra Kohberg'.

Du kan så sige: Hvad har det med en god handel at gøre?

Jeg vil så svare: Du skal være opmærksom på, at i en verden, der drives af penge, er du - din uddannelse - din arbejdskraft og din livsanskuelse en handelsvare. Du tilbyder dig selv i en verden, der er som et stort hav af efterspørgsel. En af de ting, der er en stor livskunst, er - når du engang er blevet ældre og ser dig tilbage - at du gerne skulle se, at du ikke mistede din sjæl undervejs. Det ville ikke være en god handel, du så havde gjort. Men det var den vigtigste handel, du nogen sinde indgik - i hele dit liv...

HAD / KÆRLIGHED

Der er ikke langt fra kærlighed til had, siger mange.

Det er et udsagn, som kun gælder for nogle, måske langt de fleste. Men faktum er, at det ikke gælder for alle.

Hvis man er et primitivt, unuanceret menneske (her mener jeg den 'åndskraft', man er i besiddelse af) er udsagnet i de fleste tilfælde rigtigt. Man oplever ting som 'enten - eller'. Enten elsker man, eller også ændres følelsen - på grund af frustrationer, indebrændthed, mangel på selverkendelse, mangel på overskud eller andet - til had.

Er man et åndeligt og mentalt udviklet menneske, er der en verden til forskel på kærlighed og had.

Kærlighed er ikke det samme som at være 'lad', naiv, godtroende, bange, konfliktsky eller noget, der ligner. Kærlighed er mest af alt ikke at forfalde til had. Kærlighed er den kraft, der helt basalt set får dig igennem svære tider eller oplevelser i dit eget liv - uden at forfalde til had.

Kærlighed er ikke noget, man kan lære, det er en følelse, man kan opnå i sig selv, hvis man evner at føle den.

Jeg har den opfattelse, at vi mennesker i bund og grund er egoistiske, selvforherligende (nogle kalder det 'selvfede'), grådige, forslugne, manipulerende…

Hvis det, man oplever i livet, fører én frem, uden at man giver den spire, som er evnen til at føle kærlighed, plads til at udvikle sig, så vil disse egenskaber være stærke hele ens liv igennem. Så man skal have modet til at stoppe op, mærke efter og lade den spire vokse.

Den største udfordring af alle de udfordringer, du vil møde i din livsbane, er den at give kærligheden plads til at være den væsentligste faktor i at forme dit liv og dit virke.

Det er ikke enkelt…

Hvis det var enkelt, ville verden se anderledes ud.

Når jeg selv udtrykker, at jeg ikke mener, at man skal tage alle de flygtninge ind i de vestlige lande, som man lige nu tager ind, er det ikke et udtryk for had. For jeg hader dem ikke - og jeg mener absolut, at man skal hjælpe dem. Man skal, efter min mening, bare hjælpe dem på en måde, som på langt sigt sikrer, at hjælpen fungerer - i stedet for blot at skabe endnu flere frustrationer, endnu mere had og endnu mere racisme.

Men i dagens debat er man enten på 'den gode side' eller på 'den hadefulde side'.

De politikere, som i dagens verden bliver overraskede over flygtningestrømmenes størrelse, afslører for mig, at de har haft så travlt med at bringe sig selv i fokus, at de aldrig har stoppet op bare et øjeblik og følt efter... De evner ikke engang at se, at flygtningestrømmene er en konsekvens af deres egen uvidenhed, deres egne bomber og deres egen manglende evne til at indrette verden sådan, at alle kan leve i fred.

Derfor er den verden, vi lever i, som en vulkan, der enten bygger op til det - eller er i udbrud.

Når en muslim som Islamisk Trossamfunds tidligere talsmand Kasem Ahmad sidder på dansk nationalt TV, i år 2016, og udtrykker opbakning for det synspunkt, at utro kvinder skal stenes til døde, så får man det indtryk, at muslimer aldrig har fundet ud af, hvad kærlighed handler om. Men det er ikke rigtigt - det er kun de forstenede, radikale muslimer, der ikke har fattet noget som helst. De har ikke forstået, at ægte kærlighed til et andet menneske også kan være at give det menneske sin frihed.

Det er det ultimative offer for et kærligt menneske, det at sige farvel til den, man elsker. Men har man format, så magter man at gøre det, selvom det kan være hårdt.

Radikale muslimer har ikke forstået, at en familie, hvor man er nødt til at true sin kone med stening til døden, for at få hende til at blive - ikke er en familie, hvor hverken hun eller børnene har godt af at være.

Hvis man evner at elske - at elske sig selv og andre - at elske verden i al dens pragt, så har man ikke brug for at eksistere på andres bekostning. Så har man overskud til at eksistere sammen med andre og at glædes over, at de er glade for livet på samme måde, som man selv er det.

Vores verden er langt fra det sted. Men vi har dig - det unge menneske, som er på vej - og som kan ændre verden - hvis du beslutter dig for at gøre det. Du er ikke alene, der er mere end en milliard unge mennesker i verden...

KUNST

'Kunst' er et af de mest misforståede og manipulerede begreber i menneskenes verden.

Og den af naturens egne mekanismer der handler om at: 'Hvis der opstår en niche et hvilket som helst sted, vil den blive fyldt ud', er også gældende her.

Når talentfulde mennesker med kunstneriske evner frembringer et eller andet - maler et maleri - skriver en roman - komponerer eller spiller et stykke musik - så er der andre mennesker, der har gjort det til deres levevej at skulle være dem, der bedømmer om det er kunst. Efter deres opfattelse er det kun kunst, hvis de siger, at det er det. Ofte er disse kritikere og 'eksperter' mennesker, der ikke selv har en tone i livet og ikke selv har det talent, som de ophøjer sig selv til mestre i at vurdere.

Kunstkritikere er lige så ambitiøse som kunstnerne selv. Det er en naturlov, at kunstnere har brug for at blive anerkendt for den kunst, de præsterer. Det samme gælder for kunstkritikere - de vil gerne være kendt for at være dem, der opdagede en senere kendt kunstner. Deri ligger der en latent fare for, at de selv bestemmer, hvem der skal gøres til kendte kunstnere, fordi de derigennem selv bliver anerkendte.

Et af de værste eksempler på at en 'smart' kunstner fik hele verdens opmærksomhed var, da en mandlig kunstner for nogle år siden sked i en glasmontre, som derefter blev forseglet og udstillet. Man kunne derpå studere, hvorledes hans afføring i glasmontren gik i opløsning. Kunstkritikere og kunstkendere verden over diskuterede, hvor stor kunst der var tale om, imens mange andre rystede på hovedet. Det groteske var, at tusinder af 'almindelige mennesker' valfartede til de steder, hvor 'kunstværket' blev udstillet.

Man kunne have lavet sit eget lille eksperiment, hvis man syntes, det var interessant. Man kunne have skidt i toilettet og ladet være med at trække ud.

Sådanne 'verdensklasse-kunstnere' har oftest også en agent, der arrangerer kunstnerens deltagelse i udstillinger, foredrag og interviews. De har hver især fundet deres egen lille niche omkring kunstneren, som de så ernærer sig af. Lidt ligesom sugefisk i oceanet, der lever af resterne af måltiderne fra den haj, som de nasser på, og som de lader sig slæbe rundt af.

Mange af de største kunstnere har først vundet anerkendelse og berømmelse efter deres død.

Det kan der være mange grunde til.

- De kan enten have levet i fattigdom (som Van Gogh) og dermed have omsat deres kunst i et fattigt miljø blot for at overleve. De mennesker, som har fået deres kunstværker imod for eksempelvis mad eller husleje, har gjort det af medlidenhed, ikke fordi de nødvendigvis interesserede sig for, om det var kunst. Siden hen er der så én, der har fået øje på et maleri og gjort det værdifuldt ved at handle det. Hvis det taler til en kunstkritikers sans for forretning, eller hvis det har talt til mange mennesker, er det blevet anerkendt som værende kunst.

- Man kan også forestille sig, at en kunstkritiker har spottet en fattig kunstners værker, stille og roligt opkøbt dem billigt - for derefter at 'opfinde' kunstnerens genialitet efter, at han/hun er død. Det kan der være en endog utroligt god forretning i…

Man skal ikke være blind for, at 'kunst' er en diffus ting, som er svær at måle i gram, kilometer eller andre af de mest anvendte måleenheder. Derfor er 'kunst' også mål for omfattende spekulation og manipulation.

Min påstand er her, at du skal lytte til dit eget hjerte, når du bedømmer, om noget er kunst. Bliver du bevæget over at læse en roman, bliver du fuld af følelser, når du lytter til et stykke musik, henfalder du i tanker og lukker op for din fantasi, når du kigger på et maleri, så kan det være kunst for dig - og det er det vigtigste.

Min pointe er, at naturligvis er der mennesker med en akademisk tilgang til kunst, som kan forklare alt muligt omkring et billede eller om den, der malede det - og det kan selvfølgelig være interessant nok. Men 'kunst' handler om, hvad emnet er for dig - hvad du føler ved det - ikke om, hvad en eller anden, der ofte ikke selv føler noget, mener...

MODE

Mode er for mig at se de svages forsøg på at finde en ramme eller en fællesnævner, inden for hvilken de kan udfolde sig i forvisning om, at den risiko, de løber for at skille sig ud og blive til grin, bliver formindsket.

Den person, som har format og et højt selvværd, har ganske enkelt ikke brug for at vide, hvad moden er lige her og nu.

Da jeg selv var ung, var jeg en kort årrække selv en af dem, der købte tøj hos Brdr. Strecker på Strøget og sørgede for at 'ligne de andre modebevidste', når jeg gik i byen i Disc Club eller Bonaparte. I dag undskylder jeg det for mig selv med, at jeg var ung og uerfaren og endnu ikke bevidst om mit eget værd og min egen styrke. I dag klæder jeg mig i tøj, jeg kan lide og har ingen idé om, hvordan moden er.

Jeg kan lige så godt sige det, som det er: Jeg anser det at følge moden for at være det samme som at sende et signal til sin omverden om, at man ikke er særligt godt begavet og har et lavt selvværd.

Den anden vinkel på begrebet 'mode' handler om dem, der lever fedt og luksuriøst af at få andre til at følge moden. De er i virkeligheden dem, der er smartest. De repræsenterer et erhverv, der taler til det modsatte af begreber som selvstændighed, selvbevidsthed, mental udvikling, indre styrke, intelligens og frihed, og de lever godt af at levere deres illusion til mennesker, der mangler alle disse ting eller nogle af dem.

Moden skifter hvert år.

Så året efter, at man købte den garderobe, der var mode året før, er man så nødt til at købe en ny garderobe, hvis man vil være med på noderne. Mange gemmer tøj, som er afgået ved 'modedøden' i håb om, at det en dag i fremtiden atter kommer på mode. Det viser, hvor styrende mode er for disse menneskers bevidsthed, og hvor uselvstændige og svage de er.

Hvis moden var den samme 2 år i træk, ville modeindustrien tabe milliarder i omsætning i det andet år. Derfor har modeskaberne sikkert i samråd med deres revisorer besluttet, at moden skifter hvert år.

Jeg kan godt lide at kigge på, være sammen med eller blive forført af en velklædt og smuk kvinde. Hvilken mand kan ikke det?

Men jeg sætter pris på, at hun går i tøj, hun selv synes klæder hende og har fundet sin egen stil i tøj, såvel som i livet.

Alt det, der her er sagt, er ikke det samme som at sige, at man ikke skal klæde sig pænt på, når man går til en begravelse, et bryllup eller ud på en date med sin kommende ægtefælle. Det handler bare om, at man selv vælger, hvad man tager på, uden at ligge under for middelmådigheden ved at andre skal bestemme, hvad der lige nu er 'in'.

Mode kan også være andet end tøj. Det kan også handle om f.eks. møbler - 'designermøbler'. Her gør den samme lidt latterlige baggrund sig gældende. Mange dyre designermøbler er ikke behagelige at bruge. Så det handler sjældent om komfort. Det handler om at vise, at man er en succes, der har råd til at omgive sig med designermøbler.

Mange designermøbler kan være smukt formgivet og en fryd at se på. Hvis det var bevæggrunden for, at folk købte dem, ville jeg have mere sympati for det, men sandheden er, at man oftest udstiller sig selv som en succes igennem sit valg af dyre møbler - og det er og bliver latterligt.

I tidligere tider kostede moden mange smukke dyr livet. Hele arter af dyr var truet af udryddelse på grund af moden. Det blev et statussymbol at gå med pelse af hermelin, mink eller sæl.

Senere blev der etableret dyrefarme, hvor man opdrættede f.eks. mink, fordi antallet af mink var blevet så kraftigt decimeret i naturen, at der ikke længere var et forretningsgrundlag i at fremstille minkpelse.

Dyre sælpelse fremstillede man af skind fra babysæler. Miljøorganisationen Greenpeace havde folk ude i gummibåde for at filme sælfangere, der slog babysæler ihjel ved at tæve dem ihjel med baseball-batts. De slog dem i hovedet for ikke at beskadige skindet. Takket være Greenpeace blev den form for dyremishandling stoppet.

Desværre blev denne meget brutale forretning med at maltraktere babysæler af mange opfattet, som om alle sæler blev behandlet sådan. Så handelen med sælskind, af sæler skudt af grønlandske fangere (der spiser eller bruger hele sælen - undtagen nogle af skindene som de solgte), kom også i miskredit, hvilket ikke var hensigten. Igen var det et udtryk for, at almindelige mennesker løber med en halv vind og ikke kan skille det ene fra det andet.

Men det ligger i menneskets natur 'bare' at handle - og bagefter undskylde de katastrofer, der er følgen af 'bare' at handle, med, at man ikke vidste bedre på det tidspunkt.

ALMINDELIGE MENNESKER

"The only thing necessary for evil to triumph in the world is for good men to do nothing. "

- John F. Kennedy

Begrebet 'almindelige mennesker' bruges i flæng i et utal af sammenhænge. Mange politikere ynder at forsøge at overbevise befolkninger om, at de selv er 'almindelige mennesker', for at deres vælgere skal føle en form for samhørighed med politikeren. At de fleste politikere i virkeligheden føler sig højt hævet over deres vælgere, undlader de at gøre opmærksom på i tilfælde, hvor de har brug for vælgernes gunst - eller deres overbærenhed - hvis politikeren har dummet sig og kan risikere at miste sin position i samfundet. At de fleste politikere føler sig højt hævet over almindelige mennesker afslører sig dog i den måde, de handler på. Pressen er fyldt til bristepunktet med afsløringer af, at det er sådan, uden at det dog ændrer ret meget...

Almindelige mennesker er alle de milliarder af mennesker, der ikke er indlemmet i andre grupperinger af mennesker så som politikere, erhvervsledere, militære ledere, kendisser, TV-stjerner, milliardærer - kort sagt alle de mennesker, der lever et almindeligt liv med et almindeligt arbejde, almindelige problemer, en almindelig facebook profil, og hvis kriser i livet kun deres allernærmeste gider at høre om.

Lad det være sagt: almindelige mennesker kunne udgøre en enorm magtfaktor i denne verden - en magtfaktor langt større end den, de rent faktisk udgør. De kunne lukke selv de største, multinationale selskaber på meget kort tid - standse krige – afgøre, hvad der skulle forskes i - sørge for at politikere, der blev valgt, var ærlige og gode rollemodeller - de kunne rigtigt meget, men...
    Man kan sige, at på mange måder er almindelige mennesker ualmindeligt dumme.

Langt de fleste interesserer sig kun for det, som de umiddelbart kan overskue, helst med den mindst mulige indsats og anstrengelse for dem selv. Hvis det havde været anderledes, ville verden have set helt anderledes ud.

Man kan så spørge: Hvorfor er det så interessant?

Det er interessant, fordi sandheden er, at netop fordi almindelige mennesker er sådan, så har de slet ikke den indflydelse på verdens udvikling, som de kunne have.

De smarte, de der ikke selv hører til blandt almindelige mennesker, har nemlig for længst gennemskuet, hvordan man nemt kan manipulere almindelige mennesker og fjerne deres indflydelse. Det betyder så, at de, der manipulerer dem, sidder tilbage med al indflydelsen.

Hvis man, så at sige, sætter sig op i en helikopter og flyver op og ser det hele lidt fra oven, så vil de fleste kunne se det – se, hvad det er der sker.

Verden forandrer sig med en stadigt stigende hastighed. Mange gamle mennesker har opgivet at følge med, men hænger bare på så godt de kan.

Hvis man tænker som dem, der gerne vil styre verden, hvad er det så, man skal gøre?

Det første, man skal gøre, hvis man gerne vil have kontrol, det er at 'tæmme' alle de almindelige mennesker. Man giver dem noget at gå op i, som optager dem i en sådan grad, at de ikke længere interesserer sig for - eller blander sig i - hvad der foregår oppe på de højere planer. Og der er mange måder at gøre det på.

I Romerriget vidste lederne, hvad de havde med at gøre. Det var en mere barsk verden dengang, så de tiltag, man gjorde, var selvfølgelig indrettet efter den tids forhold.

Romerne begyndte at ekspandere ud over verden ca. 750 år før Kristus, dvs. for 2.750 år siden. Det, der gjorde, at romerne kunne lykkes med at underlægge sig verden, var, at de havde gennemskuet, hvordan de kunne holde 'almindelige mennesker' i ro. Så de gav, på mange måder, folkene det, de gerne ville have. Efter en lang række af erobringskrige, hvor man indlemmede nye områder under romersk styre, gav man folkene i de erobrede områder fred og lod dem få del af en omfattende romersk kultur og videnskabelige fremskridt. Og for at tillade folk at slippe af med de aggressioner, som ind imellem byggede sig op, afholdt man voldsomme, iscenesatte teaterforestillinger, som var både blodige og chokerende. Den største arena i Rom hed Cirkus Maximus, og ruinerne af det findes stadig, den dag i dag.

Romerne havde forståelse for, at man ikke med militær magt alene kunne undertrykke alle de 'almindelige mennesker' i den verden, som de havde underlagt sig, og som hele tiden ekspanderede.

Ved hjælp af deres eksport af romersk kultur forsøgte de at få alle de nye folkeslag til, i en eller anden grad, i et eller andet omfang at føle sig som romere. Samtidig bragte man dem tekniske fremskridt, ting de ikke havde kendt til tidligere. Aquadukter førte vand til byerne, etablering af veje betød, at handel blev nemmere, romerske bade gavnede folkesundheden - og arenaerne, som man byggede i alle betydende samfund, gav underholdning til borgerne ud over hele riget. Sidstnævnte tog samtidig trykket af den utilfredshed, som hele tiden ulmede. Folk fik lov at 'rase ud' under kontrollerede rammer og efter romersk opskrift.

Romerne tillod befolkningerne selv at beholde en del af den velstand, de producerede - men de betalte skat til Romerriget til gengæld for beskyttelse.

Alt dette tilsammen viste, at romerne havde 'knækket koden' til, hvordan man manipulerede, kontrollerede og udnyttede store folkemasser bestående af 'almindelige mennesker'.

Og det er næsten symptomatisk, at det, der i sidste ende blev Romerrigets endeligt, var korruption og åndeligt forfald. Det startede i det små, men eskalerede, indtil det til sidst bragte et rige som omfattede alle landene omkring Middelhavet til fald.

Det beviste, at der latent i mennesker findes kimen til selvfor-
herligelse, grådighed, manglende empati, egoisme - de egenska-
ber, som i sidste ende vil bringe ethvert dynasti til fald.

Det kan skyldes, at det aldrig sker pludseligt, men sker grad-
vist, så almindelige mennesker når at vænne sig til, at normerne
skrider og resignerer uden at gøre noget ved det. Og det sker hver
gang, almindelige mennesker mister den direkte indflydelse på
den verden, de er en del af, men overlader det at bestemme til
nogle få personer, som derefter arbejder på langsomt at skabe af-
stand imellem de almindelige mennesker og selve beslutnings-
processen.

Tilbage til: Hvis man tænker som dem, der gerne vil styre verden,
hvad er det så, man gør?

Man sørger også for, at de nyheder, der når ud til almindelige
mennesker, er de nyheder, som man selv synes skal ud til offent-
lighedens kendskab. Det kan du læse mere om i afsnittet 'Den
Frie Presse'.

Man sørger også for at levere et massivt udvalg af fordummende
TV-underholdning. Det romerske Cirkus Maximus er afløst af
fordummende eller pacificerende TV-underholdning. Og netop
det faktum, at TV-underholdning bliver mere og mere ubegavet
og tidsrøvende, er der en rigtig god grund til.

Langt de fleste almindelige mennesker vil helst af alt forblive i
illusionen om, at verden er et godt sted at være, hvor de kan føle
sig trygge, og hvor de kan glemme deres bekymringer. Al den
massive, fordummende TV-underholdning har netop til formål at
'lulle folk i søvn', give dem illusionen om, at alt er, som det skal
være - og at der ikke er nogen grund til at rejse sig fra sofaen for
at gøre sin indflydelse gældende i kampen om at påvirke verdens
udvikling.

Et af de nyeste påfund inden for denne form for kulturel for-
dummelse er 'den endeløse TV-serie'. Man sætter sig ned for lige
at blive adspredt i en times tid, bliver fanget af et plot i en TV-

25

serie og tror, at man får slutningen med. Men det viser sig så, at der sker så mange forviklinger undervejs, at serien bliver trukket ud til 82 afsnit, uden at man nogensinde får den afslutning, man har siddet og ventet på siden man startede.

Jeg er selv offer for alt dette. Jeg har troligt siddet og fulgt med i Game of Thrones, år efter år - også selv om det begyndte at irritere mig, at den forekom mig at vare uendeligt. Men den er så godt lavet, og skuespillerne er så godt castet, at jeg bliver ved, ligesom alle andre. Det er dygtigt gjort, men det er og bliver et smart trick, som har til formål at fastholde os almindelige mennesker og passificere os i det uendelige. Men – efter min mening – hører Game of Thrones til i den bedre ende. Der er mange, mange andre serier der i højere grad er tidsrøvere. Serier om flykatastrofer, sygehussladder, talentkonkurrencer for folk uden talent, listen er uendelig...

Hvis man repræsenterer en kultur, som gerne så ubemærket som muligt vil øve indflydelse på - og ændre - andre kulturer, så kan man udsætte dem for påvirkning ved at lade en massiv strøm af sin egen TV-underholdning flyde ud over dem som et kvælende lag af fordummelse, der langsomt, men sikkert bearbejder deres opfattelse af verden - samtidig med at den gør dem passive. Det er sådan, USA udsætter resten af verden for sin kulturelle fordummelse - det er et af deres tricks i den kulturelle énsrettelse - og du og jeg er en del af den. Måske er du opmærksom på det, måske er du ikke - nu burde du så være det...

Man sørger for - da alle jo ikke falder for tricket med at ligge på sofaen og lade sig fodre med TV-underholdning - at skabe en vifte af muligheder for at dyrke harmløse interessefællesskaber.

Her er sport en meget stor faktor.

Vi bliver fodret med sportsbegivenheder, hvilket på mange måder er fint. Det animerer jo dem, der interesserer sig for sport, til selv at dyrke sport, og det er fint. Det er jo ikke sådan, at alt hvad man interesserer sig for er dumt eller tjener et skummelt formål.

Men når det går over til at være hysteri, bliver det et problem.

Når en Michael Schumacher fik 100 millioner kroner om året for at køre racerbil for Ferrari i Formel 1, så er det blevet hysterisk.

Når en golfspiller - en mand, der står på en græsplæne med et stykke værktøj i hånden og slår til en lille, hvid bold på størrelse med den ene testikel på en han-rottweiler - bliver en af de rigeste mennesker inden for sport, er det hysteri.

Når supporterne fra 2 fodboldhold i Champions League går løs på hinanden før eller efter en kamp i en europæisk storby - og flere hundrede af dem bliver behandlet på sygehus for brækkede kæber, blå øjne, brækkede arme og løse tænder - så er det hysteri.

Der er eksempler på, at almindelige mennesker har taget livet af sig, fordi deres sportsidol ikke vandt - og det er næsten ubeskriveligt hysterisk.

Men alt i alt viser det samlede billede af det samlede hysteri, hvor gode de, der manipulerer os, er til det, de gør - og hvor dumme og uintelligente store, 'almindelige' menneskemasser kan være.

Da man opfandt 'World Wide Web' / Internettet havde nogle forskere den tanke, at nu kunne mennesker i hele verden kommunikere med hinanden - finde ud af, hvem der havde brug for hjælp - og gøre en indsats.

Nogle forskere troede på, at internettet ville forandre verden til det bedre, fordi almindelige mennesker nu havde en reel mulighed for at vise, at de havde evner og talent.

En senere undersøgelse af, hvad der rent faktisk skete i de første år med internet, viste dog, at 90% af internettets kapacitet blev brugt på at søge, downloade eller uploade porno.

En engelsk forsker forklarede dengang, man offentliggjorde undersøgelsens resultat, at det skyldtes det faktum at vi mennesker er så 'primitive'. Vi har en stor hjerne, som vi anvender, når vi studerer, skal vurdere komplekse problemstillinger eller lave vores husholdningsregnskab. Al den viden, vi med tiden får, bruges af denne hjerne.

MEN... Så har vi også 'krokodillehjernen' - den meget mindre og mere primitive hjerne, som træder i karakter, når det handler om at overleve - eller dyrke sex. Den lille hjerne overtager kommandoen, når den selv har lyst til det, og den store hjerne bliver så passiv. Den lille hjerne overtager også i mange tilfælde, hvor vi er påvirket af alkohol eller andre stimulanser. Vi bliver enten 'kælne' eller aggressive.

Forskeren sammenlignede mennesket med en computer. Dengang vi blev skabt, var vi som Neanderthal-mennesket. Et væsen, som var skabt til den tids verden, udfordringer og problemløsninger. Siden hen er vores udvikling så at sige 'løbet fra os' - vi er stadig indrettet på samme måde som dengang, men verden er i dag langt mere kompleks og avanceret. Vores problem er, at vi ikke fysisk og mentalt er skabt til at leve i den verden, vi har nu - vi er skabt til at leve i den verden, der var dengang, vi blev skabt. Forskeren sammenlignede det med, at hvis man tog den oprindelige computer - en 286-computer fra 1983 og installerede Windows 7 på den, hvor godt ville det så fungere, tror du? Det var hans ord i interviewet. Og netop hans billedlige fremstilling af det fik mig til at forstå, at han havde ret.

Når en statsminister som Lars Løkke Rasmussen begynder at småsvindle med bilagene, så er det et udtryk for flere ting. For det første føler han ganske givet, at han har ret til at gøre det, han sætter på den måde sig selv over almindelige mennesker. Men det viser samtidig en form for grådighed, der, stik imod al sund fornuft, udsætter hans position for en enorm risiko. Det er som om, han har mistet sin realitetssans. Det viser så også, at selv Lars Løkke Rasmussen har en krokodillehjerne...

Her er det så, at alle de 'almindelige mennesker' kunne træde i karakter og holde ham til regnskab for hans mildt sagt upassende optræden. Men det gør de ikke. Og han ved, som garvet politiker, at hvis hans karriere bare kan overleve i 14 dage, så er hans poli-

tiske liv reddet, for han kender til almindelige menneskers mang-
lende engagement i verden og ved, at han bare skal ride stormen
af.

Det blev bevist, da han efter flere skandaler, hvor han havde
rapset af kassen, trods alle odds alligevel blev valgt til statsmini-
ster, igen...

Samme Lars Løkke Rasmussen udtalte, efter at en folkeafstem-
ning gik ham imod, at valgresultatet efter hans mening skyldtes,
at emnet var for kompliceret for almindelige mennesker at tage
stilling til. Dermed sagde han også, at han er højt hævet over 'ho-
ben', hvilket, i et eller andet omfang, viser hans mangel på re-
spekt for sine egne vælgere.

*"People are so fucking
dumb. Nobody reads any-
more, nobody goes out and
looks and explores the soci-
ety and culture they were
brought up in. People have
attention spans of five sec-
onds and as much depth as
a glass of water."*

- David Bowie

I 'gamle dage' havde man det, man kaldte 'klassekampen'. Folk
var inddelt i klasser i forhold til, hvilken uddannelse, arbejde,
indtægt eller baggrund de havde. Arbejderne stiftede fagforenin-
ger, der skulle varetage deres interesser - de velhavende, der
ejede virksomhederne stiftede arbejdsgiverforeninger - og de to
kæmpede så om magten og om fordelingen af goderne. Dengang

havde mange mennesker en form for fællesskab, som bundede i noget eksistentielt, nemlig hvor godt deres fundament under deres eget liv kunne blive.

I dag kan det synes urimeligt, at man skulle kæmpe om ting som, hvor stor risiko der var for, at man døde af at gå på arbejde, men det var realiteten dengang. Fattige børn arbejdede i kulminerne i England til langt op i den industrielle tidsalder. Mange af dem døde nede i mørket og elendigheden. Den kamp kunne man selvfølgelig samles om. I dag har man fået løst langt de fleste af den slags problemer, verden er ændret. I den vestlige verdens kulturer kæmper man ikke længere med den slags udfordringer.

Det kunne så betyde at man fik overskud til at engagere sig i ting, der lå lidt længere væk fra ens egen lille horisont. Men sådan er det ikke. I dag kæmper man imod trangen til at blive liggende på sofaen og se en endeløs TV-serie eller bliver suget ind i malstrømmen af sportsfanatikere for at få følelsen af fællesskab.

Resultatet er, at ligegyldigheden vinder...

Når de fleste almindelige mennesker køber ind, så kigger de kun på prisen. De har gradvist vænnet sig til, at fødevarer bliver billigere og billigere. De har også vænnet sig til at se bort fra det faktum, at mange af de kødvarer, de køber, er skabt i et miljø af dyremishandling.

Det er dyremishandling at opdrætte kyllinger, der bliver kraftfodret i en sådan grad, at deres ben ikke kan bære dem, når de når en vis alder. Det sker, fordi deres foder indeholder stoffer, der får dem til at vokse unaturligt hurtigt, og fordi de ikke får nogen motion. Man ser bort fra dyrenes naturlige anlæg og accepterer alle disse dyrs trængsler for at producere billigt kød. Når kyllingerne når den alder, hvor de vælter rundt på gulvet, fordi deres ben ikke kan bære dem, så slagter man dem.

Det er paradoksalt, at selv om man har en omfattende lovgivning på området, så er denne lovgivning indrettet sådan, at producenterne bliver taget med på råd, og der bliver taget hensyn til deres krav om lempeligere regler for ikke at skade deres forretning.

Man spænder grisesøer fast til betongulvet med remme for at de ikke skal lægge sig på deres små grislinger. Man kunne selvfølgelig have givet dem mere plads, så den risiko blev formindsket - men det tjener ikke producenternes interesser.

Producenterne argumenterer med, at de gør det, for at forbrugerne (de almindelige mennesker) kan købe billige fødevarer. De almindelige mennesker køber dette kød fordi de er uengagerede - og ikke tager ansvar for den verden, de er en del af. Endelig er der så den detalje, at kød smager af det, der har skabt det. Industrikød, som det meste af det danske kød er, smager ikke godt, det smager af industri...

'Almindelige mennesker' er selv skyld i, at Bowie kalder dem for dumme og uengagerede. Hvis de en dag vågner op af døsen og tager ansvar for verdens udvikling, vil de gøre hans ord til skamme. Det ville han med garanti have bifaldet.

Hvis det skal ske, vil det udelukkende være fordi I - de unge - vokser op med en sund skepsis til verden og via jeres engagement og handlekraft ændrer tingene...

Hvis du vil ændre på det, som omfattes af afsnittet om 'almindelige mennesker', så kan du passende starte med dig selv. Hvis du har en holdning og en handlemåde, der berettiger dig til ikke at skulle blive klassificeret i denne gruppe, vil du inspirere andre til at gøre det samme. Det kunne være din start på at forandre verden til det bedre...

DEMOKRATI

"For, in a democracy, every citizen, regardless of his interest in politics, 'holds office'; every one of us is in a position of responsibility; and, in the final analysis, the kind of government we get depends upon how we fulfill those responsibilities. We, the people, are the boss, and we will get the kind of political leadership, be it good or bad, that we demand and deserve."

- John F. Kennedy

De gamle grækere opfandt styreformen demokrati. Ordet er sammensat af de græske ord: 'Demos' som betyder folket og ordet 'Kratos', som betyder magt eller herredømme.

De fleste (i økonomisk henseende) betydende stater i verden påberåber sig at have demokrati.

Den enkleste måde at forklare ordet på er at sige: 1 borger 1 stemme. Det vil sige, at alle har lige meget at skulle have sagt.

Da det i praksis er umuligt at høre alle borgeres stemme om alle de ting, der sker i et samfund, har man i alle lande med demokrati et lige så stort udvalg af tillempelser af demokratiet.

Der findes ikke et eneste land, der har ægte, uforfalsket demokrati. Det man reelt har er noget, der minder om et demokrati.

Lidt ligesom med mayonnaise. Ægte mayonnaise, man selv rører kan ikke holde sig ret længe. Derfor har man langtidsholdbar mayonnaise som næsten smager som den ægte. Det er ikke mayonnaise, men det lever man så med.

Der er stor forskel på, hvad de forskellige lande lægger i ordet demokrati.

I Danmark er loven indrettet sådan, at ethvert folketingsmedlem har pligt til at stemme efter sin egen overbevisning. Det lyder umiddelbart rimeligt. Men hvis en politiker, som er gået til valg - og er blevet stemt ind i Folketinget – på en række løfter til vælgerne (1 vælger 1 stemme) efter valget stemmer helt anderledes, end vælgerne, der har stemt politikeren ind, har ønsket, så er der ikke noget at gøre ved det. Man kan groft sagt udtrykke det sådan, at de vælgere, som har stemt på en politiker for hans helt konkrete holdninger - og som bagefter må sande, at hans holdninger i den virkelighed, der følger efter valget er helt anderledes - har mistet deres indflydelse.

Det er ofte sket, at politikere stiller op for et politisk parti, bliver stemt ind og - i de forhandlinger der følger umiddelbart efter valget - skifter parti. Så er vi der, hvor den føromtalte mayonnaise begynder at skille...

I USA har man et demokrati, hvor der kun findes to partier. Nogle holdninger, som f.eks. kommunisme er direkte forbudt. En socialistisk livsanskuelse anses for at være 'upatriotisk' og 'uamerikansk'. Alligevel er amerikanerne nogle af dem, der har mest travlt med at ville lære andre lande i verden, hvad demokrati er. I nogle tilfælde, hvor et land ikke helt forstår en fin hentydning, bomber de dem, indtil de har fattet pointen.

I den verden vi har i dag, hvor demokratiernes krige imod andre nationer og deres holdninger medfører store flygtningestrømme (som kan antage karakter af folkevandringer), skal demokratierne snart til at tage hånd om konsekvensen af det at føre krige. Det skaber folkevandringer - og behov for at respektere de nye borgeres demokratiske rettigheder. For det er sådan, at de mennesker, der flygter til demokratierne, kommer fra helt anderledes kulturer med helt anderledes værdier.

Mange af disse værdier vil vise sig at være i direkte modstrid med de grundlæggende værdier, der findes i de samfund, de flygter til.

Hvis demokratiet som styreform skal bestå denne praktiske prøve, vil man skulle respektere, at de nye borgere hver har en stemme.

Min påstand er, at demokratierne - over tid - vil blive ændret, fordi mange af tilflytterne gerne vil have del i de goder, som 'de almindelige mennesker' i demokratierne har brugt mange generationer på at opbygge - men de vil ikke lægge de kulturelle værdier, de har bragt med sig, bag sig.

Når man taler om demokrati, skal man være opmærksom på, at systemet i sig selv har mange store svagheder. For demokrati er grundlæggende en smuk idé - men også en skrøbelig idé.

I de vestlige demokratier har kvinder de samme rettigheder som mænd. Sådan har det ikke altid været, men sådan er det blevet efter mange års palaver.

I f.eks. den muslimske kultur, som mange flygtninge har med sig, har kvinder en meget lavere status end mænd. Det har allerede givet anledning til konfrontationer i anledning af nytåret i mange byer i Europa. Det viser lidt om, hvad det handler om.

Helt tilbage i det gamle romerske imperium havde kvinder hen imod slutningen samme rettigheder som mænd. Men selv der gik der op imod 1.500 år efter Romerrigets tid, før kvinder i f.eks. Danmark og England fik stemmeret. Det er en langsommelig proces.

Nu skal man så integrere mennesker med en anden kultur, som tidsmæssigt svarer til de fremherskende kulturer fra før Romerrigets tid i de vestlige demokratier. Det er mildt sagt noget af en udfordring.

I miniformat kan man bruge eksemplet fra en almen boligafdeling nord for København for få år siden. Man havde pludselig et flertal af muslimer boende i denne boligafdeling.

Derfor fik man, på demokratisk vis, også et flertal af muslimer i boligafdelingens bestyrelse. Og da muslimer ikke køber juletræ og holder jul, holdt man en demokratisk afstemning i bestyrelsen og afskaffede den danske jul dér. Det gav et ramaskrig i den danske presse, og befolkningen blev forarget. Men det viser, hvad demokrati basalt handler om. Hvis disse muslimer havde været integrerede, ville de måske have haft overskud til at lade de århundredgamle danske traditioner være i fred. Men de demonstrerede, i miniatureformat, hvad demokrati også kan være - og det skal man gøre sig klart, før man kaster sig ud i at ville frelse hele verden.

Man kunne, i stedet for at sende sit militær ud for at bombe dem, der tænker anderledes, have holdt sine tropper hjemme. Så havde disse lande været henvist til at løse deres egne interne anliggender, som de selv ønskede. Men i stedet stormede man frem og skabte de flygtningestrømme, der i dag invaderer disse demokratiske lande.

På en måde ligger man, som man selv har redt...

Demokrati er ikke nogen garanti, for at tingene går retfærdigt til, eller at resultatet af de valg, man afholder, bliver respekteret.

Da man, dengang jeg var ung, skulle stemme om Danmarks optagelse i EF (de Europæiske Fællesskaber) kaldte man ikke det EU, vi har i dag, for den Europæiske Union. Man vidste nemlig, at vælgerne dengang ikke var indstillet på at blive del af en union. Så man forklarede meget nøje, at det handlede om et fællesskab i kraft af hvilket, man kunne handle med hinanden på betingelser, der var meget mere gunstige end dem, man kunne opnå på verdensmarkedet. Da Danmark så var optaget i EF, begyndte den langsomme proces det var at ændre de Europæiske Fællesskaber til en Europæisk Union. Det er, efter min opfattelse, hævet over enhver tvivl, at det fra starten var hensigten, at det skulle ende med det. Nogle kalder det løgn, andre kalder det spin.

Siden dengang har der været afstemning i Danmark vedrørende Maastrichtaftalen. Den danske regering måtte chokeret opleve, at der blev stemt nej. I et demokrati anerkender man jo sådan en beslutning, da det jo er vælgerne, der bruger deres demokratiske ret til at komme frem til den afgørelse. Det lærte for alvor politikere overalt i verden, at folkeafstemninger er et farligt alternativ til bare at trække en beslutning ned over hovedet på befolkningen, ride stormen af - måske fyre et par ministre - og lade folk gradvist vænne sig til, at de i bund og grund er blevet narret. Derfor er der meget få folkeafstemninger. Politikerne er reelt lige-glade med, hvad vælgerne mener, de har bare ikke modet til at sige det højt.

Efter at der var blevet stemt nej til Maastrichtaftalen, gav man sig til at bearbejde det grundlag, hvorpå man havde afholdt val-get. Man lavede en liste med forbehold, som var spiselige for vælgerne. Imens man gjorde det, satte man en storstilet skræm-mekampagne i gang. Og man havde held til at så frygt i alminde-lige menneskers bevidsthed og få dem til at føle sig usikre over det valg, de havde truffet ved den sidste afstemning. Da man så var færdig med at 'korrigere' det emne, man havde tabt et valg på, lagde man det nye forslag frem - afholdt en ny folkeafstem-ning i sikker forvisning om, at skræmmekampagnen havde virket - og vendte det tidligere 'nej' til et nyt 'ja'. Det er et skoleeksem-pel på manipulation af en hel befolkning, hvor man på nær sagt alle måder overholder de demokratiske spilleregler - måske lige med undtagelse af spillereglen om, at man skal respektere resul-tatet af en demokratisk afstemning. Det er i sig selv det, man kal-der 'spin'.

Den engelske forfatter George Orwell skrev i 1949, lige efter 2. verdenskrig, sin meget berømte science fiction roman '1984'.

Den handler om, at verden er opdelt i 3 superstater, som hed-der: Eurasien (Europa) - Asien (Asien) og Oceanien (Amerika). Det mest foruroligende ved romanen er, at meget tyder på at ver-den er på vej i den retning...

- Europa lagde grunden til dannelsen af Eurasien ved at danne EF, som gradvist blev til EU.
- Amerika forhandler (hedder det) med Canada og alle de sydamerikanske stater om at danne et fællesskab, hvor man blandt andet har en fælles møntfod. Det kan, hos selv den mest fantasiløse, tænkes at kunne blive en ny super-stat (styret af USA) som kunne ligne Oceanien.
- Kina ekspanderer, oprustér og afventer ganske givet det tidspunkt, hvor de er klar til overtage al kontrollen og

36

magten over staterne i Asien. De har invaderet Dalai Lamas Tibet, og de har igennem mange år gjort krav på indflydelse over Taiwan. Den lille østat Japan forsøger at balancere tæt på det store Kina, som japanerne invaderede under 2. verdenskrig, og som siden har hadet dem. I henhold til George Orwell har disse lande det nemmest, når de en dag bliver opslugt af Kina - de skal bare beholde navnet Asien...

Spørgsmålet er så, hvad man lige stiller op med Rusland, som har råstoffer, enorme arealer, højtudviklet teknologi, en hårdfør befolkning og styres af en politisk elite, der mest minder om en mafiafamilie. Måske er det russerne, der ender med at opsluge alle staterne i EU, fordi de vil have tilgang til franske vine, belgisk chokolade og tyske Audi'er...

Hvis ikke alle indbyggerne i alle disse mere eller mindre demokratiske stater vågner op og gør deres indflydelse gældende, kunne George Orwells rædselsfiktion blive virkelighed. Det vil så, på demokratisk vis, ske ved, at alle de, der burde have gjort noget, ikke gjorde noget, men man har jo sin demokratiske ret til at være ligeglad...

VELFÆRDSSAMFUND

'Velfærdssamfundet' er en dansk opfindelse, tror jeg. Jeg erindrer i hvert tilfælde ikke, at jeg har hørt politikere fra andre nationer bruge det ord.

Når man vurderer substansen af sådan et ord, skal man jo nødvendigvis holde det op imod et eller andet for at finde ud af, hvor meget indhold der er i det, og hvad det reelt betyder. Men sammenligner man økonomien i det danske samfund med økonomien i Elfenbenskysten, er det åbenbart, at man i det danske samfund har en god økonomi. Velfærdssamfundet skal dog også tolkes derhen, at borgerne i den type samfund nyder godt af den gode økonomi. Og det gør borgerne i Danmark da også.

Men selv i velfærdssamfundet er der 'giftige æbler i paradiset'.

Velfærdssamfundet bygger på en række ædle holdninger. Alle er for eksempel lige for loven. Men det er de så alligevel ikke...

Det økonomiske fundament under velfærdssamfundet bygger på, at alle betaler skat. Men det gør de så heller ikke...

Når alt gøres op, er der mange der ikke betaler skat, eller betaler uforholdsmæssigt lidt i skat i forhold til deres økonomiske formåen. Her tænker jeg på de mange meget velhavende mennesker, som betaler alt for lidt i skat i forhold til det, de burde betale. De mest velhavende mennesker, som f.eks. bor i store paladslignende villaer op langs Øresundskysten fra Hellerup, Klampenborg, Vedbæk og Rungsted betaler ikke den skat, de burde betale. Det skyldes blandt andet, at 'der går jura i den' – og, som vi senere kommer ind på, handler jura ikke om retfærdighed, men om jura. For den velhavende er der altid smuthuller i skattelovgivningen, fordi jura er en meget upræcis måde at regulere ting på. Sådanne velhavende mennesker er omgivet af en række specialister som skatteadvokater og skatterevisorer, hvis opgave det er at sørge for, at den velhavende ikke betaler skat - eller betaler mindst muligt i skat. Sådanne specialister koster penge, mange penge. Man kan populært sige, at hvis de velhavere, der bor i alle disse prægtige palæer langs Øresundskysten, selv skulle betale for det og samtidig betale deres skat som alle andre, var der ikke nogen, der havde råd til at bo der.

Der har i årenes løb været artikler i sladderpressen om disse velhavere. Man har så skullet tage sig i at føle medlidenhed med dem, fordi de i henhold til deres revisorers oplysninger er fattige, selv om de kører rundt i en Rolls Royce...

Mange store multinationale firmaer med kontor i Danmark betaler heller ikke skat - eller betaler uforholdsmæssigt lidt i forhold til det, de burde. (Læs mere om det i 'De Multinationale Selskaber')

Det betyder naturligvis, at der er nogle andre, der skal betale for at alle udgifterne i velfærdssamfundet kan blive betalt. Da der er grænser for, hvor højt et skattetryk man kan pålægge en befolkning, inden den gør oprør, har man fundet på andre metoder. En af dem er opfindelsen 'afgifter'.

Der er i Danmark afgift på en næsten uendelig række af ting. Man kan med et glimt i øjet sige, at det eneste, der i Danmark ikke er afgift på, er 'tarmluft'. Det er ikke helt rigtigt, men det snerper derhenad.

I velfærdssamfundet har man som borger krav på en række ydelser, som man ikke tror, man betaler for, men det gør man selvfølgelig. Intet i livet eller i verden er gratis...

De forskellige velfærdssamfund kan være meget forskellige. Det handler om niveau på lønninger sammenholdt med skatter, afgifter og de ydelser, man får for pengene – i forhold de ydelser, man selv skal betale.

Hvis man er velhavende, kan man tegne forsikringer, som giver én mulighed for at få en bedre behandling inden for sundhedsvæsenet, end det offentlige system under velfærdssamfundet er i stand til at tilbyde. Man bruger så private hospitaler eller klinikker i stedet for de offentlige sygehuse.

Man har også ret til gratis uddannelse, lægehjælp, folkepension (som man får, når man er for gammel til at være på arbejdsmarkedet) og til at se dronningens nytårstale - hvis man har betalt sin TV-licens.

Så langt så næsten godt...

At leve i et 'velfærdssamfund' betød engang, at ingen behøvede at frygte for at dø af sult, at alle havde ret til en bolig, en uddannelse, lægehjælp og en betaling fra det offentlige velfærdssystem, hvis man ikke kunne opretholde livet ved selv at betale. Det kunne f.eks. skyldes, at man ikke havde arbejde, eller at man var syg. Velfærdssamfundet byggede dengang på et andet grundlag, end det gør i dag. Dengang var et land som Danmark iblandt de ledende af de industrialiserede lande. Danske virksomheder eksporterede deres produkter til lande i hele verden, og danske produkter var efterspurgte. Man sagde dengang, at det, man i Danmark var særligt gode til, var at være kreative. Man brystede sig af, at andre lande, selv om de var meget større end Danmark, aldrig ville kunne konkurrere på samme niveau som Danmark, fordi danskere var veluddannede og - i kraft af deres frie samfund og udfoldelsesmuligheder - nogle af verdens mest kreative mennesker inden for industrielt og kulturelt design og kunst. Men imens man gik og var selvfede i Danmark, udviklede og forandrede verden sig.

Man havde også fagforeninger, som varetog arbejdernes rettigheder og forhandlede overenskomster, der angav, hvor meget de skulle have i løn. Det var i en tid, hvor man endnu ikke havde vækket resten af verden. Så når arbejdere strejkede (blev hjemme fra arbejde), tabte virksomhederne mange penge. Man fik derfor gradvist øget lønniveauet i Danmark, indtil danske arbejdere var blandt de bedst betalte i verden.

Dengang var man, kunne man påstå, ikke opmærksom på, at der skete ting ude i verden, som med tiden ville udfordre det danske velfærdssystem. Men det gjorde der...

I dag er påstanden om, at danskere er kreative og dygtige på et højere niveau end de lande, der dengang var industrielt tilbagestående, gjort til skamme.

Desuden er man hæmmet af, at dansk er et - i forhold til verden - meget begrænset sprogområde. Så når man skal sælge danske varer i udlandet foregår det ikke på dansk. Der bor i Danmark mindre end halvdelen af de mennesker, der bor i London eller Chicago, så det er faktisk til at overskue.

Det danske velfærdssamfund er blevet indhentet af verdens udvikling. De politikere, hvis job det også er at forudse sådanne forandringer, forudså dem ikke. De havde for travlt med at slås indbyrdes, føre sig frem eller føre deres evige forhandlinger om bedre løn og bedre pension - til sig selv...

Selve det grundlag, som det danske velfærdssamfund bygger på, nemlig den danske industri, havde set, hvad vej vinden blæste. Men de havde intet imod den udvikling, der var i gang. For deres konkurrenceevne led under, at lønniveauet i Danmark var blevet meget højt sammenlignet med lønningerne ude i verden.

Man skal forstå, at lønniveauet i Danmark var i en rimelig overensstemmelse med priserne på varer i Danmark. Med et glimt i øjet kan man sige, at det var priserne ude i verden, der var ude af trit.

Man skal også huske, at et firma basalt set er:
- Et nummer i selskabsregisteret.
- Et kontonummer i en bank.
- Aktionærer, der ejer aktierne i firmaet og dermed ejer firmaet.
- Firmaledelsen, der ofte får bonus, hvis firmaet tjener mange penge.

Når jeg ikke nævner alle arbejderne her, skyldes det at de kan udskiftes, ligesom man skifter dæk på bilen når man går fra sommer til vinter.

41

Det vigtigste for et firma er at tjene penge. Dem, der ejer firmaet, har købt aktierne for at tjene penge. Det gør de kun, hvis værdien af firmaet bliver større - og den bliver kun større, hvis firmaet tjener mere og mere.

Mange firmaer har flyttet deres produktion til udlandet. Det skyldes, at man kan få arbejdere i udlandet til at udføre det samme, som arbejderne gjorde i Danmark, bare meget billigere. Man har erkendt, at det ville være umuligt at få danske arbejdere til at arbejde for den samme løn, som f.eks. en arbejder i Polen, Kina eller Malaysia får. Det har flere konsekvenser.

For det første bliver de arbejdere, som firmaet så at sige efterlader i Danmark, i mange tilfælde arbejdsløse. Det betyder så igen, at de ikke kan betale så meget i skat, som de plejer. Men det betyder også, at den faglige viden, de har, langsomt forsvinder. Hvis man ikke vedligeholder sit håndværk vil det gradvist forsvinde.

Samtidig med alt dette åbnede EU sine indre grænser, så folk fra de lande, man tidligere ikke havde megen faglig respekt for, pludselig rejste til Danmark for at arbejde. De udfører mange jobs meget billigere end danskerne selv, hvilket har forøget arbejdsløsheden og udhulet skattegrundlaget.

Og endelig er der så det faktum, at nogle firmaer, der har flyttet produktioner til udlandet, samtidig har 'rekonstrueret' deres opbygning. Man kan åbne et firma i f.eks. Cayman Islands, som så åbner det firma, der skal producere ens varer i Kina. Så kan ingen se hvad man tjener i Kina, og så ved ingen hvad man skal betale i selskabsskat i Danmark. Det handler igen ikke om moral, det handler om jura - og jura er jo som bekendt indviklet.

Summa summarum: Danske politikere forsøger at opretholde facaden over for den danske befolkning. Mange tror da også, at alt er i den skønneste orden. Men man kan sige sig selv, at når omstændighederne har ændret sig så drastisk - uden at de, der fik løn (politikerne) for at forudse sådanne ændringer, opdagede noget -

så er man nødt til at spare nogle steder for at få regnskabet til at gå op.

I de sidste mange år har man sparet på det, som politikerne tidligere kaldte for 'Danmarks guld' - nemlig uddannelsessystemet. Det svarer til at skyde sig selv i foden med et jagtgevær, lige inden man skal løbe en 100-meter ved De Olympiske Lege.

Det siger sig selv, at i et land, der for det første ikke er større end en kommune i en amerikansk stat, for det andet ikke har råstoffer i nævneværdigt omfang, og for det tredje har et lønniveau der er højt i forhold til den konkurrerende del af verden - der skal man satse benhårdt på uddannelse. Men det gør man ikke...

Velfærdssamfundet er i krampe.

Danske skolelærere kæmper en umulig kamp. Hvor elever med vanskeligheder tidligere fik hjælp til at følge med, har man nu skåret den hjælp væk. I stedet har man proklameret, at den danske folkeskole skal kunne rumme alle elever, hvor vanskeligt de end måtte have det. Man forsøger at få det til at ligne omsorg eller accept - men sandheden er, at det handler om besparelser.

Man har skåret kraftigt ned på udgifterne til sygehusvæsenet. Sygehusene er underbemandede, og mange danske læger er rejst til udlandet for at arbejde under mere rimelige forhold. Derfor får man ved indlæggelse i Danmark ofte en læge, der taler gebrokkent engelsk, eller som man i værste fald ikke kan tale med.

Da jeg selv, i maj 2013, blev indlagt en lørdag morgen med blodpropper i hjernen, havde jeg et blodtryk på 210/140. Det er, kort sagt, sådan et blodtryk man dør af at have, medmindre man er heldig. Jeg var heldig, men det var ikke sygehuset i Herlevs skyld. For jeg lå der fra lørdag formiddag til mandag morgen uden at blive undersøgt af en læge. Først da jeg bad om at få en telefon ind på stuen, så jeg kunne ringe til Ekstra Bladet, blev jeg i al hast kørt til undersøgelse.

Derefter blev jeg sendt hjem, stadig med et blodtryk på 210/140.

Først en uge senere, da en hjælpsom veninde fik kontaktet min egen læge, fik jeg endelig medicin, der sænkede mit blodtryk. Min egen læge skulle fra sygehuset have haft besked om, hvad der var hændt mig, men det havde de glemt at sørge for.

Min konklusion var, at sygehusvæsenet slet ikke fungerede, og at folk styrtede rundt og gjorde en hel masse, men at der ikke overordnet var styr på noget som helst.

Det skyldes alt sammen, at der er skåret så kraftigt ned på udgifterne og personalet, at det næsten er umuligt at få det til at fungere i praksis.

Der er skåret ned på politiet. Og det politi, der stadig er ansat, bruger meget af deres arbejdstid på at passe på politikerne, når de holder konferencer eller bare fører sig frem.

For at gøre billedet af tåbelighed fuldkomment indfører man en bonusordning for politimestre, hvis de kan skabe indtægt til statskassen. Så man indkøber hundrede fotobiler, for at man kan krænge afgifter ned over hovedet på bilister, der kører for stærkt.

Her vil nogle indvende, at det er en bøde og derfor ikke en afgift - jeg vil så svare, at det er ordkløveri, for resultatet er det samme uanset, hvad man kalder det. Man kunne have valgt at bruge pengene på at ansætte og uddanne flere politifolk - så de måske kunne begynde at passe på borgerne og ikke bare passe på politikerne - men det gjorde man ikke.

Det amerikanske marinekorps har flere slogans, et af dem lyder: 'Ingen bliver efterladt på slagmarken'.

Man havde engang i Danmark en holdning der mindede om det slogan, selv om det ikke var så tydeligt udtrykt. Det handlede om at ingen i det danske velfærdssamfund skulle lide nød, for vi tog os af vores egne, og ingen blev efterladt i elendighed. Men grænserne skred gradvist, efterhånden som krisen pressede sig på.

Det handler om de hjemløse og andre, som af mange grunde kan ende på 'bunden' af samfundet - ikke bare økonomisk, men også i relation til livskvalitet, muligheder for udfoldelse og alt det andet, der gør livet værd at leve.

I København har man over 5.000 hjemløse...

Det alene er for mig et udtryk for at 'Velfærdssamfundet' har spillet totalt fallit. Og samtidig med at man kan læse om de hjemløse, kan man læse om, at politikerne vil have højere løn og bedre pensionsordninger. Det er så der, hvor al den snak om velfærdssamfund giver en hurtigt tiltagende kvalme...

For mig er en hjemløs en, der ikke har et hjem, men gerne ville have haft det. Man kan også vælge at leve på en anden måde end de fleste andre, i gamle dage kaldet en 'landevejens ridder' - men så er man ikke hjemløs, for så har man valgt at leve på den måde.

Det er okay for mig, bare jeg ikke også skal leve på den måde, for det har jeg ikke lyst til.

Et 'Velfærdssamfund' der ikke magter / har interesse i / har vilje til at sørge for, at alle, der ønsker det, kan have deres egen bolig, er ikke et velfærdssamfund. I min optik er Danmark for længst blevet den slagmark, hvor dem, der er bedst til at rage til sig, får mest - og hvor man efterlader mange af sine egne på 'slagmarken'.

Når man så tænker på, at det samme velfærdssamfund mener at have råd til at sende danske bombefly til Syrien, og som et resultat af det er medansvarlig for at skabe de enorme flygtningestrømme, der lige nu belaster det selv samme velfærdssamfunds økonomi i svær grad, så må det være åbenbart for enhver, at 'klaveret spiller falsk'.

Det siger sig selv, at i en verden hvor markeder bliver stadig mere globale, hvor arbejdskraften bevæger sig stadig mere frit, hvor kulturer blandes mere og mere med hinanden - og i særdeleshed en verden, hvor konkurrencen bliver stadigt mere intens, fordi der er flere og flere lande, der er kvalificerede til at deltage - kan man ikke bibeholde den danske velfærdsmodel i sin oprindelige form.

Hvis man vil beholde de mål for beskyttelse af de svage i et samfund, der engang levede i overflod, så må man nødvendigvis 'omprioritere' eller omfordele goderne således, at de, der har det sværest, ikke bliver ladt tilbage på slagmarken. Men det gør man ikke i dagens Danmark, man efterlader dem og overlader det til dem selv at forsøge at klare sig igennem.

Hvorfor taler politikere så så meget om 'Velfærdssamfundet'?

Svaret er enkelt, men også en lille smule uhyggeligt. Svaret er, at politikere forsøger at få alle de almindelige mennesker til at forholde sig passive. Og det gør langt de fleste almindelige mennesker da også. De tror, at hvis de ignorerer problemerne og hygger sig med deres små sysler, så går problemerne væk med tiden. Men det gør de ikke...

Så længe politikerne lader til at synes, at der ikke er grund til bekymring, er der jo ingen grund til at gå og opfinde problemer...

Almindelige mennesker vil nemlig helst tro, at det i det store og hele går godt. De har ganske enkelt ikke lyst til at høre, at noget går den forkerte vej. Politikere ved, at hvis de lægger kortene på bordet vedrørende det danske velfærdssamfund, så bliver de ikke stemt ind i Folketinger ved næste valg. Og det er det sidste, de ønsker - at miste deres velbetalte, pensionssikrede taburet...

Endelig lyder titlen 'politiker' (VIP) bedre end titlen 'eks-politiker' (glemt) lidt ligesom at 'gift' (stabilitet) lyder bedre end 'fraskilt' (kaos).

POLITIKERE OG SPINDOKTORER

'Politik er et håndværk', siger man i dag.

Det skal ikke forveksles med et håndværk som f.eks. at være uddannet murer, tømrer, astronaut eller andet, man skal gennemgå en uddannelse for at kunne kalde sig - og hvor man rent faktisk kan noget, som kan betegnes som nyttigt.

Det vigtigste for en politiker er nemlig at have talent for det. Det underbygges af, at mange af dagens politikere, heriblandt mange af dem, der har sæde i det danske Folketing, aldrig har evnet at gennemføre en uddannelse. Men sådan som verden i dag er indrettet, er der heldigvis også en plads for mennesker som egentlig ikke rigtig kan noget - de kan nemlig gå ind i politik.

I Danmark var der en ung, stræbsom politiker ved navn Thor Møger Pedersen. Han blev student i 2004 og begyndte derefter at læse til stud.scient.pol. - men gjorde aldrig studiet færdigt.

I 2010 blev han valgt ind i partiledelsen i partiet SF. Og så blev han af den daværende statsminister Helle Thorning valgt som skatteminister i 2011. Da var han 25 år.

Man kan så med rimelighed spørge: betyder det slet ingenting, at man har 'nogle år på bagen' - har et erfaringsgrundlag af bare nogen substans fra det liv man har levet - at man har prøvet hvad livet selv er - før man bliver minister?

Til det kan man med sindsro svare: Nej, det betyder ikke det fjerneste.

Man kan komme i Folketinget, hvor man sidder og vedtager de love, som gælder for en befolkning, der tæller millioner af mennesker, uden at have prøvet noget som helst af nogen som helst relevans - fra 'det virkelige liv' vel at mærke. Thor Møger Pedersen havde roteret rundt imellem forskellige politiske foreninger, hvor han havde lært to, for en politiker, meget væsentlige ting: at snakke og at positionere sig. At positionere sig betyder ganske enkelt at være god til at 'være på det rette sted på det rette tidspunkt'. Og det mestrede han så godt, at han blev minister på rekordtid. Han var minister fra 2011 til 2012, netop lang nok tid til at kunne oppebære ministerpension resten af sit liv.

Han er et levende eksempel på meget af det, som er galt med systemet:

Når man er 25 år, er man stadig så ung, at man skal have oplevet ekstraordinære ting i sit liv, for at man med rimelighed kan tale om, at man har nogen nævneværdig erfaring, man kan bruge som minister. Men Thor Møger havde bare snakket, lige siden han var teenager og indtil han blev minister.

(Jeg vil lige indskyde, at dette her ikke handler om mennesket Thor Møger. Jeg har aldrig truffet ham og kommer næppe heller til det. Han er i denne bog et eksempel på, at noget er helt grundlæggende galt, når man taler om folk i et så betroet hverv som at være minister. Han er sikkert en flink fyr, men han valgte selv at tage jobbet og udsætte sig for denne kritik.)

Han havde aldrig prøvet, hvad det vil sige at have et rigtigt arbejde. Han havde aldrig prøvet at leve under det pres, det kan være som ung at skulle gøre sig gældende på en arbejdsplads, eller f.eks. prøvet at arbejde for et firma, hvor der skulle skæres ned - hvor man var iblandt den kreds af medarbejdere, der ikke vidste, om de havde et job i morgen. Han havde ingen børn – noget, der kan belaste og stresse et ungt menneske, der ønsker at få indflydelse på verdens gang, og noget man kan lære meget af, både om sig selv, om andre og om samfundet.

Han havde, kort sagt, ikke prøvet noget af det, der for alvor lærer en om livet, lærer en hvordan de mange vælgeres hverdag er, alle dem der lægger afgørende faktorer fra deres liv og overlevelse i hænderne på en politiker, der sidder og vedtager love.

Så hvordan kan sådan en ung mand forestille sig, at han kan bestride sådan et job?

For det første er graden af ydmyghed i forhold til at påtage sig en sådan opgave, trods sin ringe livserfaring, nok temmelig hurtigt overset.

Og netop ydmyghed i forhold til det, man påtager sig, er mildt sagt vanskelig at få øje på, når man taler om politikere. Det, mener jeg, er en meget alvorlig fejl ved de personer, som er/bliver politikere - både tidligere og i dag. Den eneste politiker jeg kan komme i tanker om, som tydeligt blev påvirket af at blive valgt ind, og som blev ramt af ydmyghed, da det skete, var Jacob Haugaard. Hans opstilling med et valgprogram med 'medvind på cykelstierne' var en joke. Vælgernes oprør imod de selvfede politikere gjorde, at han stik imod forventning blev stemt ind. Og han blev ydmyg og forsøgte i stedet for som forventet at gøre det hele til en joke - rent faktisk at bestyre hvervet efter bedste evne. Jeg kan ikke lige komme i tanker om andre, og det siger ikke så lidt...

Når Thor Møger er nævnt, bør man også nævne den statsleder, der udnævnte ham.

Hvis en person bliver udnævnt til et job, siger det lige så meget om den eller de personer, der udnævner, som det siger, om den der bliver udnævnt.

Helle Thorning udnævnte ham. Hun viste, at hun ikke regner de tidligere nævnte menneskelige kvalifikationer for noget som helst...

Om hende kan man sige, at hun ikke selv gjorde sig de store anstrengelser for at være en god rollemodel. Hun talte på et tidspunkt varmt for den danske folkeskole. Nidkære journalister fandt så ud af, at hendes egne børn gik på privatskole - og så faldt det hele tilbage under et skær af dårlig timing og ganske almindelig 'politikerlarm' - helt som det var sket så ofte før. Flere af hendes egne kollegaer var i samme dilemma.

Det hele havde, i den periode, et skær af mangel på substans over sig, fordi man talte varmt for én ting, imens man selv gjorde noget andet.

Af væsentlige egenskaber for at kunne skabe sig en karriere som politiker kan man nævne følgende:
- Man skal kunne lide at tale meget.

- Man skal være god til at huske detaljer, årstal, datoer, navne, pengesummer...
  Man skal se ud, som om man selv tror på det, man siger, selv i situationer hvor man ved, at ingen andre tror på det, man siger.
- Man skal have talent for at 'manøvrere' i den politiske verden. Man skal evne at forudse, hvornår andre omkring en kommer i problemer, så man i god tid kan lægge afstand til dem og på den måde undgå at ryge med i faldet, når katastrofen indtræffer.
- Man skal evne at give det udseende af, at man rummer at føle empati for andre, selv om man intet føler overhovedet. Det forsøgte den engelske premierminister Gordon Brown. Under en valgkamp i 2010 blev han konfronteret af en kvinde, som var kritisk over for hans politik. Han forsøgte at tage dialogen med hende, men hun var vældig god til at argumentere for sine synspunkter. Lidt efter, da han sad i sin bil på vej væk, kaldte han hende for 'en snæversynet kvinde' til sin sekretær i bilen. Han havde bare glemt, at den trådløse mikrofon, der sad på hans frakke, stadig var tændt. I den efterfølgende beklagelse / bortforklaring kunne han fremmane en grimasse som lidt mindede om en undskyldende mine. Havde han været rigtig god til det, ville han måske endog kunne have fremtvunget rigtige tårer.
- Man skal have det gén, der giver en drivkraften til at udsætte både sig selv og alle andre for det, man er: Magtbegærlig. Lysten til at lade sig beruse af magt er en nødvendighed, hvis man vil frem i politik. Målet helliger midlet. 'Man kan ikke lave en æggekage uden at slå æg i stykker'. Hvis man hører til dem, der begynder at ryste på hånden eller føle medlidenhed med andre, har man ingen fremtid inden for politik.

Den daværende konservative statsminister Poul Schlüter holdt fra Folketingets talerstol den 25. april 1989 en tale i forbindelse med den såkaldte 'Tamilsag'. Han sagde afslutningsvis: *'Der er ingen tvivl om, hvor ansvaret skal placeres. Det placeres hos justitsministeren og regeringen. Den foreliggende sag er belyst tilstrækkeligt, og ansvaret var regeringens og justitsministerens. Der er ikke fejet noget ind under gulvtæppet'.*

Han ofrede sin egen justitsminister Erik Ninn Hansen. Målet helligede midlet. Han rystede ikke på hånden, der var ingen blafrende mundvige, tårer eller flakkende blikke. Han kiggede direkte ind i TV-kameraet og udtalte de berømte ord.

Problemet var, at der *var* fejet noget ind under gulvtæppet. Det blev også afsløret, men essensen er, at han ikke ejede ydmyghed i forhold til sine vælgere, han mente, at han i kraft af sin egen storhed var sat over alt det, som almindelige mennesker repræsenterede.

Folketingsmedlemmer har som udgangspunkt immunitet i forhold til de gældende love. I grelle tilfælde kan det samlede Folketing stemme om evt. at ophæve en politikers immunitet, fordi man ikke mener, at hans/hendes gerninger er forenelige med at have sæde i Folketinget. Men det er yderst sjældent, at det sker. Det skete for eksempel ikke i Lars Løkke Rasmussens 'sager' som aldrig blev til sager, fordi han har politisk immunitet. Han berigede sig på en måde, som almindelige borgere ville være blevet straffet for, men han blev ikke straffet.

Igennem årene har der været en stribe 'sager' om folketingsmedlemmer som ikke har overholdt landets love. Mange af disse bliver først alvorlige for politikerne selv, når pressen får nys om dem og begynder at skrive om dem. Hvis man ikke kan ride stormen af, er politikerne nødt til selv at tage affære for at give det udseende af, at der trods alt er retfærdighed til.

Som en illustration af hvor grotesk det politiske spil kan være, vil jeg nævne følgende:

Helle Thorning var statsminister i Danmark i en årrække. Hun var som kvindelig statsminister en rollemodel for mange kvinder, der både havde fuldtidsjob/karriere og familie med børn. Rollen som mor var nok noget af en tilsnigelse. Hun var statsminister på fuld tid med mange aftenmøder, mange udlandsrejser og megen promoveren af sig selv. Samtidig boede hendes mand, børnenes far, ikke sammen med familien. Familien boede i København, mens faderen havde sin karriere i Genéve i Schweiz. I et forsøg på at fremstå som en harmonisk og sammentømret familie kom hun til at sige, at de var meget sammen. Da det efterfølgende kom frem, at hun og hendes mand havde særlige skattemæssige begunstigelser, ændrede hun forklaring for ikke at komme i problemer for skattefusk. Og endelig var der jo den der med, at hun snakkede varmt for den danske folkeskole, samtidig med at det kom frem, at hendes egne børn gik i privatskole.

Igen sidder vi i den samme situation - det med troværdigheden.

At skulle være rollemodel for et lands befolkning samtidig med at man påstår - at man lever i en kernefamilie med en mand der bor i udlandet - at man bøjer skattereglerne, kommer med usande forklaringer, der ændres for at komme inden for samme skatte-reglers grænser - at man gør sig til fortaler for en folkeskole, som ens egne børn mærkværdigvis ikke er så heldige at være en del af etc. etc.

Hun fremstod hele vejen igennem som utroværdig og overlevede kun som politiker, fordi de almindelige menneskers hukommelse med sådanne ting kun rækker en uge tilbage i tiden. Havde folk været engagerede, kompetente og handlekraftige, havde de bedt hende ryge og rejse. Havde vælgerne inden for 3-4 dage sendt 100.000 breve med beklagelser til hendes partikontor, havde man været nødt til at gøre noget alvorligt ved sagen. I stedet skete der intet.

Nu har hun så forladt dansk politik - lige så pludseligt som hun kom ind i den - for at blive direktør for Red Barnets Internationale Afdeling.

Hun er sikkert lige netop det, som børn i nød har brug for...

Den politiske verden er en verden af bedrag, løgn, forstillelse, manipulation, aftalt spil og 'spin'.

Spin er - det siger næsten sig selv - bedrag i et eller andet omfang. En spindoktor er en person, som for skatteborgernes penge er ansat til at hjælpe en politiker med at præsentere sit budskab, så det virker mest muligt overbevisende på vælgerne. Det kan man gøre på mange forskellige måder. Man kan overdrive noget, underdrive noget, udelade noget osv. Der er mange afarter af spin, dem kan du selv læse om på nettet. Så lad os her nøjes med at tage nogle typiske eksempler:

At aflede opmærksomheden:
- Hvis man deltager i en debat, hvor man ikke klarer sig særlig godt, kan man bruge 'afledning'. Man fjerner fokus fra det, debatten handler om og flytter fokus hen på noget andet. Du har måske oplevet det i skolegården, da du var mindre. Klassens irriterende kloge duks har igen fat i den lange ende af en diskussion - men man bringer så hans store ører eller latterlige penalhus på bane, og så er det pludselig det, der er fokus på, og ikke om hvorvidt han havde ret og var ved at vinde diskussionen. Man kalder det også: 'at gå efter manden i stedet for at gå efter bolden'.
Det er en variant af spin.

Vende noget skidt til noget godt:
- 'Vi er glade for, at vi ikke vandt fodboldkvalifikationen, for så havde vi været nødt til at rejse 32 personer til London for at spille om mesterskabet, og det havde vi ikke råd til. Noget i denne retning er ofte brugt af politikere, der taber et valg - eller taber i det hele taget...
Det er en anden variant af spin.

Plante en agitator:
- I mit første år i Højgaard & Schultz, for mange år siden, ønskede medarbejderne at stifte en medarbejderforening. Den skulle arrangere sport, julefrokost osv. Men det ønskede direktionen i Højgaard & Schultz ikke. De frygtede, at det ville lede til, at medarbejderne begyndte at engagere sig i fagforeningsarbejde og lignende, hvorfor de forsøgte at sabotere det. Da de indså, at den stiftende generalforsamling ville blive afholdt, sendte de en medarbejder, som de selv havde allieret sig med til mødet. Denne medarbejder begyndte at tale om, hvor farligt det var for os alle sammen at sidde her, når nu ledelsen havde givet klart udtryk for deres misbilligelse. Det endte med at skabe en del furore, og flere medarbejdere forlod salen, fordi de følte sig utrygge. Man planter hos modparten en, som de tror er en af deres egne, men som ikke er det. Vedkommendes opgave er at kaste grus i maskineriet, så det man var samlet om at aftale ikke bliver aftalt.
  Det er en form for spin, som er brugt i rigtig mange sammenhænge, også af andre end politikere.

Vedholdenhed:
- 'Kunsten' at blive ved med at holde liv i en historie, hvor man selv var en helt. Denne form for spin er brugt op til valg, hvis man som politiker er så heldig, at man engang har udført noget, som man gerne vil huskes for. Joseph Goebbels opfandt en historie om Adolf Hitler gående ud på, at Hitler havde opført sig heltemodigt, da han var tysk soldat under første verdenskrig. Så vidt det historikerne siden fandt frem til, var det løgn.

At lukke af:
- Hvis man som politiker bliver taget i 'urent trav', kan man også vælge at lukke ned - lukke for det 'hul', der har

givet omverdenen informationer om politikeren, som efterfølgende er blevet brugt til at afsløre et eller andet.

Da man tog EU-politikere i at hæve rejsegodtgørelser for rejser, de ikke havde foretaget, var der ikke mange røde kinder eller dirrende undskyldninger. De politikere, der blev taget med fingrene i kagedåsen, argumenterede simpelt hen med, at 'det gør alle de andre også'. Det er, så selv børn i børnehaven kan være med...

Da man tog politikere på Christiansborg i ikke at være ærlige omkring, hvor de havde været henne og med hvem - lukkede man af for adgangen til deres kalendere. Så det, der skulle have været et åbent retssamfund, blev et lukket uretssamfund.

Man kommer ikke uden om, at spin i bund og grund er bedrag.

Det behøver ikke nødvendigvis være løgn - men en flig af sandheden kan give et resultat, og hele sandheden kan give et andet resultat - så spin bruges for at manipulere - og at manipulere er at bedrage.

Det er derfor både højst mærkværdigt og foruroligende, at man som vælger accepterer at skulle betale for, at de folkevalgte politikere får hjælp til at bedrage deres egne vælgere. Hvis en politiker selv betalte for sin spindoktor, kunne man sige, at det ændrede billedet lidt. Så ville mange politikere heller ikke have en spindoktor - og det kunne blive interessant. Man ville hurtigt finde ud af, hvem af dem der rent faktisk havde noget på hjerte - og hvem der ikke havde. Måske var der slet ingen af dem der havde noget på hjerte...?

Nogle politikere kunne med fordel ansætte en revisor i stedet for en spindoktor. Så ville der måske ikke være så mange problemer med at kende forskel på 'andres' og 'mit' i det store 'bilagscirkus'.

YTRINGSFRIHED

Ytringsfrihed handler om retten til at udtrykke sin mening på skrift eller i tale uden andres forudgående godkendelse. Det regnes i det meste af den vestlige verden for at være en af grundpillerne i et demokrati. I lande som Danmark er denne ret sikret i 'Det Danske Riges Grundlov'.

Ved at gøre brug af denne ret skal man være opmærksom på, at man kan komme i konflikt med f.eks. injurielovgivningen, hvis man sviner en anden person til uden at have dokumentation for sine udtalelser.

Hvis man udtrykker en 'grænseoverskridende' mening om noget i form af satire, er der andre og ofte videre grænser for ytringsfriheden, end der ellers ville være.

I det meste af den vestlige verden er der tradition for både ytringsfrihed og satire.

Da danske bladtegnere for nogle år siden tegnede hvert deres portræt af profeten Muhammed (muslimsk profet), oplevede man en verdensomspændende konflikt, fordi muslimske lande ikke har tradition for ytringsfrihed, satire eller religionsfrihed. Så selv om tegningerne blev trykt i danske aviser til læsere i et samfund, hvor man har ytringsfrihed, blev danske flag brændt af i muslimske lande, en dansk ambassade sat i brand og dødstrusler udstedt imod de danske tegnere.

Nogle mente, at man skal kunne udtrykke sig som tegnerne gjorde, netop fordi der er ytringsfrihed - andre mente, at man skal tænke sig grundigt om, fordi mange af dem, der blev oprørte over tegningerne, ikke selv lever i et land med ytringsfrihed - og nogle gik ud og undskyldte tegningerne i udlandet, sådan som mejerigiganten Arla gjorde på hele det danske folks vegne. Arla gjorde det for ikke at tabe markedsandele, fordi Arla er et holdningsløst profitfikseret selskab, hvis absolut eneste religion er den økonomiske bundlinje. Jeg kan her indskyde, at jeg selv siden dengang så vidt muligt har undgået at købe produkter fra Arla, hvilket jeg også anbefaler andre at undlade, hvis de kan.

Ytringsfriheden er altid på kollisionskurs, når man taler om lande med en streng, intolerant religion som f.eks. islam. Når jeg, i ytringsfrihedens hellige navn, tillader mig at kalde islam for intolerant, skyldes det, at man i henhold til islam er vantro, hvis man ikke er muslim. Og det er jo både intolerant, nedladende og racistisk.

I de vestlige, kristne lande er der tradition for at 'gøre grin' med miljøet omkring de kristne kirker – samme ytringsfrihed har man absolut ikke i den muslimske verden i forhold til islam.

Som borger i et vestligt, kristent demokrati kan man frit udtrykke, hvad man mener om religioner og deres indflydelse på verden - i den muslimske verden kan man ikke udtrykke andet end den officielle holdning til islam, hvis man fortsat ønsker at leve - men man må gerne udtrykke sig negativt om alle andre religioner end islam.

Det er omtrent så intolerant, som noget kan blive...

Ytringsfrihed handler også om retten til at demonstrere. Det er omtalt i kapitlet 'For Rigets Sikkerhed'.

DEN FRIE PRESSE

Engang for længe siden, omkring den tid hvor dine bedsteforældre var børn, havde man det, man kaldte 'en fri presse'. Dengang var formidling af nyheder spredt på vidt forskellige avisredaktioner og et hav af journalister, der allesammen arbejdede hårdt på at få nyhederne ud til læserne.

Velhavende mennesker havde 'deres' aviser, og arbejderne havde deres. I Danmark læste arbejderne 'Dagbladet Aktuelt' og borgerskabet læste 'Berlingske Tidende'. I England læste arbejderne 'The Sun', og borgerskabet læste 'The Times'. Hvilken avis man læste afslørede, hvilken del af samfundet man tilhørte.

Der var titusindvis af aviser over hele verden hver med deres egne ejere og deres egne læserskarer. Man satte en ære i at være en del af 'den frie presse', for det havde den undertone, at det var sandheden man bragte, eller i hvert tilfælde en lille, eksklusiv del af sandheden, om man vil. ('Sandheden' er jo som bekendt et vidt begreb.)

Man havde også nyhedsbureauer, der leverede nyheder til aviserne, som de så trykte, selv om det ikke var deres egne journalister, der havde støvet dem op. Et af disse bureauer var Reuters Bureau.

Men det er længe siden nu og meget er forandret...

I takt med at den øvrige verden forandredes, forandredes også den frie presses verden.

Hvis man skal finde et passende navn til den i dag, kunne man kalde det for 'den frie énsretning' - 'fri' fordi der ikke længere er nogen nævneværdig konkurrence. I dag beskæftiger pressen sig med de samme sladderhistorier - 'det frie' er blot et minde om forgangne tiders storhed.

I dag ejes aviser, TV-stationer og andre nyhedsformidlere og underholdningsformidlere af en talmæssigt begrænset gruppe af mennesker.

Pressen - aviser og TV-stationer - er en væsentlig del af 'det multinationale apparat' der styrer, manipulerer og former de almindelige menneskers verden.

Hvis man ejer det apparat, der formidler nyheder og underholdning, kan man påvirke, styre og kontrollere de store masser af almindelige mennesker - passificere dem - ensrette dem - og i sidste ende fordumme dem. Når man ejer apparatet, kan man bestemme, hvad der er interessant at beskæftige sig med, ligesom man kan bestemme, hvad almindelige mennesker skal mene om det, man fodrer dem med.

Hvis man vil fremkalde en aggressiv stemning imod en bestemt befolkningsgruppe eller imod et bestemt land, lader man nyhederne handle om den gruppe eller det land - og anlægger en vinkel i beskrivelsen af nyhederne, som man ønsker skal give et bestemt resultat. I en 'fri presse' ville man have haft mange vinkler og mange synspunkter, men i en presse, der er ejet af ganske få, er antallet af synspunkter og vinkler meget begrænset.

De ganske få nyhedsejere vælger ikke bare, hvordan nyheder skal præsenteres og dermed, hvad de gerne vil opnå ved det - de vælger også hvilke nyheder, der bliver præsenteret.

Derfor er der i TV-nyhederne i f.eks. Danmark eller Sverige ind imellem et indslag om en ko i Kina, som er faldet i en grøft og har fået klemt sit yver, eller noget lige så uinteressant for en seer i Nordeuropa. Man skal være opmærksom på, at der rent faktisk er nogen, der har siddet og udvalgt dette indslag om koens klemte yver - og som har ment, at det er interessant for dig at kigge på i et dansk eller svensk TV. Ham (eller hende) der har udvalgt lige netop dette indslag gør det, fordi en eller anden højere oppe i apparatet har udvalgt dette indslag i stedet for et interessant indslag. Man kan så vælge at gå ud og sætte kaffe over, imens koens medtagne yver fylder hele skærmen, man skal bare være klar over, hvad det er, der foregår - og hvorfor det sker...

Hvis man kigger på indholdet af de nyheder der nu engang når os alle sammen på den ene eller den anden måde, så er der nogle overraskende facts:

I et samarbejde kaldet 'Punditfacts' imellem avisen 'Tampa Bay Times' i USA og foreningen 'Polifacts' - en forening, der undersøger lødigheden af de førende nyhedsmedier, fremgår følgende i januar 2016:

'Punditfacts' har udarbejdet et 'scorecard' for hvert af de store nyhedsmedier.

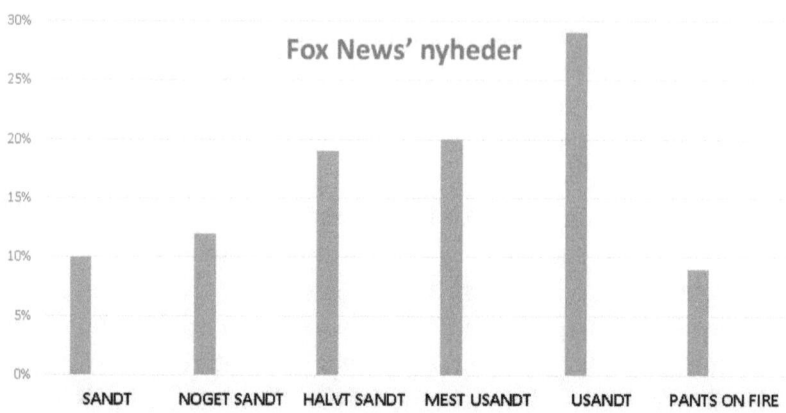

Fox News, et af de absolut førende nyhedsmedier i verden, har fået ovenstående bedømmelse i deres scorecard. Bedømmelsen spænder fra (venstre) 'sand' - til (højre) 'ild i bukserne' der her betyder, at alt i de berørte artikler / nyheder er løgn.

Fox News hører til dem, der videresælger store mængder nyheder til andre landes nationale TV-stationer, aviser og net-bureauer. Det kan kun betegnes som særdeles bekymrende, at så stor en del af nyhederne er ren og skær 'spin', for nu at blive i denne bogs terminologi.

'Den Frie Presse' eksisterer kun i dine egne vildeste drømme...

SUVERÆNITET

Suverænitet er en stats ret til at bestemme over sig selv.

Den deles op i den indre suverænitet, der omhandler en stats ret til at lovgive over sin egen befolkning - og den ydre suverænitet, der handler om en stats ret til selvbestemmelse i forhold til andre suveræne stater.

Det lyder enkelt og idyllisk - og det burde det også være. Men...

Suverænitet har man kun, hvis man er stærk nok til at have den. For eksempel hvis man har atomvåben - eller er gode venner med nogen, der har atomvåben.

Menneskehedens historie er fyldt med tragiske beretninger om landes krænkelser af andre landes suverænitet. Kigger man tilbage i historiebøgerne, er krænkelse af suverænitet noget af det, der fylder allermest.

Alle de store, hedengangne imperier, man kender fra verdenshistorien, blev store ved at krænke andre landes eller folkeslags suverænitet. Så selv om alle er enige om betydningen af begrebet og det etisk rigtige i at respektere det, så er det ikke noget, man 'bare' har, hvis man ikke er i stand til at håndhæve det.

Da 'den hvide mand' landede på Amerikas kyster, boede der i forvejen en stor befolkning med helt deres egen kultur. Den talte 19 millioner mennesker, og man kaldte dem indianere.

De levede ikke som folk i Europa, for de var nomader. De rejste konstant for at følge bisonerne og ændringerne i naturens årstider - og det talte ikke. Så man plantede et engelsk eller fransk flag i jorden, slog de 19 millioner 'vilde' ihjel og tog deres land i brug. Det er det USA, vi kender i dag, en af verdens supermagter - en af dem, der ustandseligt råber op og truer andre, der ikke respekterer nogle tredjes suverænitet.

Da Frankrig på et tidspunkt i den nyere historie havde fremstillet deres første atombomber, kunne de godt tænke sig at afprøve dem. Der er jo ikke noget ved at have atomvåben, hvis man ikke ved, om de virker – eller hvis andre ikke ved det.

Og da man jo naturligvis ikke kunne afprøve dem hjemme i Frankrig - det ville jo forurene utroligt meget - så valgte man ikke at respektere det folk, som levede på øgruppen Mururoa - man krænkede deres suverænitet og sprængte sine atombomber af der. Man tvangsforflyttede den lokale befolkning, sprængte atombomber af både over og i havet og forpestede en ganske lille stat, hvis beboere burde være blevet respekteret, fordi de var der først.

Men Frankrig havde atomvåben...

Selv den dag i dag, hvor vi skriver 2016, respekterer den suveræne stat Danmark stadig ikke det grønlandske folks suverænitet. Danmark er stadig 'overhøjhed' i Grønland - fordi Danmark kender nogen, der har atomvåben, og som også godt kunne tænke sig at have en base på Grønland - og det fik de så lov til...

Konklusionen er, at det i princippet er med 'suverænitet', som det er med 'retssamfund' - det klinger lige så hult - det skal give et indtryk af et bagvedliggende etisk funderet intellekt - men det er (igen bare) krokodillehjernen, der styrer, hvad det indeholder.

DEN FRIE VERDEN

Den frie verden er den betegnelse, som den vestlige verden ofte ynder at bruge om sig selv. Den 'oplyste' del af verden med dens demokratier, ytringsfrihed, retssamfund og frie religionsvalg. Men - sat op imod de øvrige kapitler i denne bog - er det spørgsmålet, om den frie verden overhovedet findes.

Hvis du har set filmen 'The Matrix', har du nok en vag idé om, hvor det er jeg vil hen med dette afsnit. Jeg har altid set den film som en advarsel i billeder, en advarsel om hvad der kunne ske med verden, hvis ikke jeg som borger engagerer mig i den og er med til at holde den sund.

Jeg tror på, at vi som menneskehed er på vej imod at leve i en 'Matrix'. Ikke nødvendigvis af samme type som i filmen, ikke med kroppe lagt i væsker, med kabler og rør ind i og ud af kroppen - mere som en slags mental matrix, som fodrer os med åndeligt spin samtidig med, at vi er fængslet i et net af frygt og elendighed. Og der er mange gode grunde til, at jeg tror det. Her er nogle af dem:

- De multinationale selskaber er som store, fremmedgjorte monstre, hvis tentakler er nede i alle materier, der har med mennesker at gøre. De bestemmer, hvad der bliver produceret, de bestemmer hvad vi kan købe, de bestikker vores moralsvage politikere til at vedtage love, der gavner dem og begrænser alle os almindelige mennesker.
- Retssamfundene varetager rettighederne for dem, der har råd til at betale for det, vi andre lever i illusionen om, at det findes, det retfærdige sted hvor alle kan blive lykkelige...
- Det Militære Industrielle Kompleks fører hele tiden krige, gamle krige og nye krige - imod gamle fjender og nye fjender – fjender, der er opfundet og skabt af dem for at fastholde os i rædslen for at blive ofre og forlange mere

overvågning, mere beskyttelse og flere våben, for at kunne bevare troen på, at vi kan holde os i live...

- Nyhedsmedierne - den frie presse - bomber os med ligegyldige, opfundne, falske, koordinerede, énsrettede, censurerede nyheder, der både fastholder os og bedøver vores sanser, gør os ukritiske og ligeglade - ligeglade med andres skæbner og ligeglade med vores egen...
- Religionerne, tusinde generationers åndelige fængsel sætter os op imod hinanden, udsteder fatwa'er/dødsdomme imod anderledes troende, imens kirkerne skraber penge ind, der aldrig bliver delt ud igen, og præsterne forgriber sig på verdens børn.
- Whistleblowere bringer omfattende afsløringer af store forbrydelser – udført af dem, der leder den frie verden. Whistleblowerne bliver udråbt til at være forbrydere. Forbrydelserne bliver ikke efterforsket. De, der udfører forbrydelserne, bliver ikke straffet. Kun whistleblowerne bliver efterstræbt og straffet.

Min pointe er, at der bliver gjort mange og store anstrengelser for at give dig illusionen om, at du lever i en fri verden. I den ideelle, frie verden kan du gøre din demokratiske stemme gældende. Det kræver, at du sætter dig ind i tingene. Og det kræver, at du gør noget aktivt, for at din stemme bliver hørt. Ellers er den frie verden en illusion, sådan som den er det nu...

OVERVÅGNING

"You can ignore reality, but you cannot ignore the reality of ignoring reality..."

- Ayn Rand

De fleste mennesker, i den verden vi kender i dag, er udsat for en massiv overvågning. Mange mennesker siger, når de konfronteres med dette faktum, at de er ligeglade. 'De må gerne overvåge mig, for jeg har ikke noget at skjule.'

Det er en ufatteligt naiv udtalelse, som afslører, at den, der siger det, slet ikke har nogen 'kontakt' til verden og livet selv, men blot eksisterer i en malstrøm, som vedkommende er en lille, ubetydelig brik i.

Edward Snowden udtrykker det meget fint, han siger:

"Arguing that you don't care about the right to privacy because you have nothing to hide is no different than saying you don't care about free speech because you have nothing to say."

Jeg vil selv sige det på denne måde:

"Hvis man ikke tager sin egen eksistens alvorligt, kan man heller ikke forlange, at andre skal gøre det..."

Hvorfor er det så interessant at overvåge befolkningerne i verden?

Det er der mange grunde til.

En af dem er, at det er nemmere at manipulere, styre og påvirke en befolkning, hvis vaner, mønstre, afhængigheder, interesser og lyster man kender godt. Man skal være opmærksom på, at det alt sammen handler om 'spin' = bedrag.

En af de ting, man direkte kan bruge overvågning til, er at finde ud af, om den påvirkning man udsætter en befolkning for nu også virker efter hensigten.

Man skaber skræmmebilleder i form af terrorbevægelser, som man sørger for at informere befolkningerne om. Da man ejer nyhedsmedierne, kan man selv vælge, hvad man informerer om og i hvilken form man informerer. Man kan, om man så må sige, skræddersy informationerne til at have den maksimale effekt. Man kan på den måde påvirke sin egen befolkning til - i sidste ende - selv at bede om at få mere overvågning, fordi man skræmmer de 'almindelige mennesker' så meget, at de af frygt ønsker mere overvågning.

Det, man som medborger skal gøre sig klart, er, hvad det er, man er en del af.

De multinationale selskaber køber informationer om borgerne i verden alle de steder, hvor de kan komme til det. De køber mange informationer af Facebook - dine interesser, dine vaner, dine relationer til andre mennesker - de køber information om dine 'likes', så de ved, hvad du interesserer dig for. De bruger det til at rette henvendelse til dig igennem reklamer, som er målrettet direkte imod dig for at have den maksimale effekt.

Netop fordi borgerne i de såkaldte 'frie retssamfund' er udsat for en så massiv mængde af påvirkninger (spin) fra magthavernes side, er det vigtigt, at borgerne engagerer sig i samfundsdebatten.

Mange gør det da også - mange andre gør det ikke. Det er mindst lige så vigtigt, at borgerne 'graver dybere' i det, der foregår - selv undersøger, hvad der ligger bag al den påvirkning, de udsættes for og råber op, hvis det, de finder ud af, strider imod deres opfattelse af, hvad der er rigtigt. Men det er kun et fåtal, der orker at gøre den indsats, der skal til for at grave dybere. Og de ganske få udråbes til at være 'konspirationsteoretikere' eller bare 'venstreorienterede'...

En meget lille kreds af engagerede borgere udgøres af whistleblowere som Edward Snowdon, Julian Assange og de andre modige, der udsætter sig selv for de utroligste pinsler for vores andres skyld.

Du skal vide, at det er disse ganske få engagerede borgere, der er dit eneste værn imod manipulationen og overvågningen. Og i sidste ende dit eneste værn imod, at du en dag vil opdage, at du er blevet slave i den verden, som du indtil da havde troet var fri og retfærdig.

Man kan vælge at tro på, at 'der nok er nogle' der har styr på de rammer, vi alle sammen lever i. Der er nogle, der har et fuldstændigt overblik over, hvornår overvågningen skal standses, fordi nu er det nok. Men sådan fungerer menneskenes verden ikke. En ting som overvågning er i dag sat i system og er begyndt at fungere.

Du skal vide, at det er en ting, som til stadighed vil blive mere omfattende, fordi den inerti, der findes i sådanne ting fungerer på den måde. Hvis man resignerer og trækker på skuldrene i den tro, at 'nogen' har kontrol med, at det ikke løber løbsk - så løber det løbsk. En positiv udvikling af verden kræver en konstant, engageret indsats fra dem, der ønsker dette.

Man kan aldrig tillade sig at slappe af - man kan aldrig tillade sig at miste interessen for sin egen frihed - gør man det, så mister man den.

Du er i dag udsat for en massiv overvågning, som de fleste ikke er opmærksomme på. Hvis man er i besiddelse af det nødvendige udstyr - hvilket verdens førende efterretningstjenester alle sammen er - kan man overvåge dig igennem web-kameraet i din laptop, uden at du ved det. Man kan se dig sidde foran skærmen og høre, hvad der bliver sagt i den stue eller det kontor, du sidder i.

Man kan følge din færden via placeringen af din mobiltelefon, høre hvad der bliver sagt i din nærhed - også selv om din mobil er slukket. Men de fleste er ikke opmærksomme på det eller tillægger det ikke nogen nævneværdig betydning.

Man har allerede fremstillet en mikrochip, der er beregnet til at skulle sidde i nakken på alle mennesker i verden, og som kan vise, hvor du er på et hvilket som helst tidspunkt. Det vil være et af værktøjerne til den ultimative overvågning.

Medmindre du synes, det er en god udvikling, så er det tid for dig (og alle dem du kender) til at forholde dig til det og tage afstand fra det. Ellers vil du en dag opdage, at du har en sådan chip i nakken, og at systemet ved alt om, hvor du er, og hvornår du gør det, du gør...

FOR RIGETS SIKKERHED

Det er blevet brugt og i høj grad misbrugt af statsledere og myndigheder over hele verden, lige så længe som begrebet selv har eksisteret. Man kunne godt forestille sig, at det oprindeligt blev skabt i en god sags tjeneste. At der med andre ord var en god grund til at opfinde dette begreb og bruge det i praksis. For i beskyttelsen af et frit samfund er det ikke altid praktisk eller smart at lægge alle kortene på bordet, fordi det giver f.eks. de kriminelle bedre muligheder for at undgå at blive restforfulgt. Så man kan ikke komme uden om, at der bør findes en form for balancegang imellem at være åben og være hemmelighedsfuld.

Når det er sagt, er verden fuld af eksempler på misbrug af dette begreb. Misbrug som har meget store konsekvenser for befolkninger, for deres retssikkerhed, for deres opfattelse af demokrati.

Eksempler:

'Roswell'
Det amerikanske 'militære industrielle kompleks' - et hemmeligt samarbejde imellem multinationale firmaer og det amerikanske militær - byggede ved byen Roswell i USA et meget stort, top hemmeligt anlæg som ingen amerikansk præsident nogensinde har fået mulighed for at besøge. Mange tror på, at den forskning, der foregår dér, tager sit udgangspunkt i en ulykke, hvor et rumskib forulykkede i 1950'erne. De vidner, der overværede hændelsen eller undersøgte stedet, inden militæret blev opmærksom på, hvad der var sket, er siden enten forsvundet eller døde under mystiske omstændigheder. Da anlægget 'Area 51' siden blev bygget, blev det helt udelukket fra al offentlig indsigt under parolen 'For Rigets sikkerhed'.

Når selv ikke en amerikansk præsident som Bill Clinton - der under sin første valgkamp til præsidentembedet bedyrede, at han havde til hensigt at besøge Area 51 - nogensinde fik adgang, tyder noget på, at der er store kræfter på spil. Der skal meget til at nægte præsidenten adgang, ham der af mange regnes for verdens mest magtfulde mand. Noget tyder derfor på, at det ikke er ham, der er verdens mest magtfulde mand. Og endelig tyder det på, at begrebet bliver misbrugt, når den folkevalgte leder ikke kan få adgang.

Hvis man sammenholder dette med det faktum, at Donald Rumsfeld i sin tid som forsvarsminister under præsident George W. Bush offentligt måtte erkende, at han ikke kunne gøre rede for mere end 30% af det samlede amerikanske forsvarsbudget, begynder problemet at være meget synligt...

For der er mange institutioner og anlæg på niveau med Area 51, og driften af dem skal jo finansieres. Det sker for offentlige midler, dvs. skatteydernes betalinger af skat og moms - uden at betalerne kan få at vide, hvad store dele af deres betalinger bliver brugt til. Borgere ser helst, at deres skat bliver brugt på sygehuse, skoler, motorveje og lignende.

Man kan vælge at tro på Rumsfeld. Tro på, at X antal milliarder dollars er gået i forrådnelse. Eller tro på, at de er brugt til hemmelige militære projekter, man ikke ønsker, at offentligheden skal vide noget om.

Og det er stærkt bekymrende...

'9/11'

Efter terroraktionen den 11. september 2001 blev mange beviser i form af videooptagelser konfiskeret og hemmeligholdt under parolen 'For Rigets Sikkerhed'. Dette gælder for eksempel de beslaglagte videooptagelser af området omkring det amerikanske forsvarshovedkvarter Pentagon i Washington. Officielt blev det erklæret, at der kun var én videooptagelse af hændelsen. Når man ved, at Pentagon er den mest sikrede bygning i USA ud over præsidentboligen 'Det Hvide Hus', så er det himmelråbende tåbeligt at tro, at man kan overbevise offentligheden om, at der ikke var videooptagelser af det fly eller missil, der ramte Pentagon. Men det er alt sammen blevet mørkelagt, og tiden går, så offentligheden mister interessen for det. Offentligheden kunne have sat hårdt imod hårdt og krævet, at disse videoer blev offentliggjort. Men det gjorde offentligheden ikke. Folket krævede ikke, at dets stemme blev hørt – derfor blev den ikke hørt.

Hvordan offentliggørelsen af hvad, det var, der ramte Pentagon, kan have noget at gøre med riget sikkerhed, står hen i det uvisse – medmindre det da var noget andet, end det man officielt sagde, at det var...

Og det er også stærkt bekymrende...

'Stay Behind Armies'
Winston Churchill skabte i 1940 i England 'Special Operations Executive' (SOE) – en tophemmelig 'stay behind army', der bestod af medlemmer af de engelske styrker, og af civile. Deres opgave var, hvis England blev invaderet af tyskerne, at agere som modstandsfolk, der skulle kunne skabe kaos overfor invasionsstyrkerne, indtil hjælpen fra USA kunne nå frem. Man oprettede skjulte våben- og ammunitionsdepoter overalt i England, Skotland og Irland og uddannede folk til at operere i det skjulte.

Tyskerne kom aldrig, men frøet til idéen var sået.

Under optakten til 'den kolde krig' hvor Jerntæppet sænkede sig over Østeuropa, frygtede amerikanerne og mange politikere i vesten, at Sovjetunionen ville angribe Vesteuropa. Man anså det for at være en reel trussel. Derfor oprettede man, inspireret af Churchills initiativ fra 1940, den samme type 'stay behind armies' i de fleste vesteuropæiske lande. Der var reelt tale om styrker, som kun den øverste politiske elite kendte til eksistensen af. Ingen i offentligheden anede noget om deres eksistens.

I 1944 aftalte USA og England at øge tiltagene for at holde Europa fri for kommunistisk indflydelse. Man begyndte at etablere de samme hemmelige styrker overalt. Da englænderne havde befriet Grækenland, og der opstod store kommunistiske demonstrationer imod de engelske styrker for deres indblanding i de frie græske valg, gik den græske afdeling i aktion. De hemmelige styrker skød og dræbte 25 demonstranter og efterlod 148 sårede.

I 1945 afslørede den kommunistiske indenrigsminister Yrjö Leino i Finland, at der fandtes en 'stay behind army' dér og lukkede den ned.

I 1947 oprettede den amerikanske præsident Harry Truman to organisationer: National Security Council (NSC) og Central Intelligence Agency (CIA). En hemmelig afdeling under CIA fik til opgave at være behjælpelig med at oprette 'stay behind armies' i Vesteuropa.

I 1947 offentliggjorde den franske indenrigsminister Edouard Depreux eksistensen af en fransk 'stay behind army' med kodenavnet 'Plan Bleu'. I 1947 blev også en hemmelig styrke i Østrig afsløret. Højreekstremisterne Soucek og Rössner, som havde oprettet denne styrke, blev benådet af kansler Körner.

I 1948 oprettedes i Frankrig "Western Union Clandestine Committee" (WUCC) der skulle koordinere indsatsen fra de forskellige 'stay behind armies.' WUCC, blev året efter, i 1949, integreret i det nyoprettede NATO.

I 1949 oprettedes NATO (North Atlantic Treaty Organisation), der skulle danne modvægt til de kommunistiske styrker i Warszawa-pagten.

I 1951 afslørede den tidligere SS officer Hans Otto overfor kriminalpolitiet i Frankfurt, Tyskland – eksistensen af en tysk 'stay behind army' med kodenavnet BJD-TD. De derefter arresterede højreekstremister i denne gruppe blev frifundet af de tyske myndigheder i en hemmeligholdt retssag for lukkede døre.

I 1953 arresterede det svenske politi højre-ekstremisten Otto Hallberg og afslørede eksistensen af en 'stay behind army' i det neutrale Sverige. Otto Hallberg blev frifundet for alle anklager og løsladt, efter ordre fra højere sted.

I 1957 protesterede chefen for den norske efterretningstjeneste NIS, Wilhelm Evang, imod USA's og NATO's indblanding i interne norske affærer via 'stay behind armies' og trak midlertidigt Norge ud af møderne i CPC.

I 1958 oprettede NATO 'Allied Clandestine Committee' (ACC) der skulle koordinere den hemmelige krigsførelse indenfor deres 'stay behind armies'.

I 1960 gennemførte det tyrkiske militær, med støtte fra 'stay behind armies' i Tyrkiet, et kup imod den siddende tyrkiske præsident Adnan Menderes, som de dræbte.

I 1961 dannede officerer fra den franske 'stay behind army' og veteraner fra den franske krig i Indokina deres egen organisation med navnet: Organisation Armee Secrete (OAS). OAS forsøgte, med støtte fra CIA, at etablere et kup imod den franske præsident de Gaulles regering i Algier, men det mislykkedes.

I 1964 gennemførte den italienske 'stay behind army' Gladio et kup, hvor man i hemmelighed truede og tvang de socialistiske ministre i regeringen til at gå af. Operationen, med kodenavnet 'Solo' blev ledet af general Giovanni de Lorenzo.

I 1965 opdagede politiet i Østrig et lager med sprængstoffer, våben og ammunition i en nedlagt mine i Windisch Bleiberg. De østrigske myndigheder tvang de engelske myndigheder til at udlevere oplysninger om placeringen af yderligere 33 andre MI6 våbendepoter i Østrig, ment for landets 'stay behind armies'.

I 1966 lagde den franske præsident Charles de Gaulle afstand til NATO's hemmelige krigsførelse og trak de franske styrker ud af NATO.

Præsident de Gaulle krævede, at NATO's hovedkontor blev flyttet fra fransk jord, hvorfor det blev flyttet til Bruxelles i Belgien. De Gaulles reaktion var et direkte resultat af, at CIA ved flere lejligheder havde forsøgt at manipulere interne franske anliggender, også rettet imod de Gaulle selv blandt andet i Algier.

Da NATO flyttede sit hovedkontor til Bruxelles i Belgien, blev ACC under kodenavnet SDRA-11 skjult i den belgiske hærs efterretningstjeneste SGR, som havde hovedkontor ved siden af NATO's hovedkontor.

Da den militære alliance flyttedes til Bruxelles, fremkom der pludselig dokumenter, der angiveligt beviste, at man beskyttede højreekstremistiske personer med tilknytning til Europas 'stay behind armies'.

Samme år oprettede CIA i Portugal firmaet Aginter Press under dække af, hvilket kaptajn Yves Guerin Serac ledede en 'stay behind army' som han hemmeligt trænede i fremstilling og anvendelse af bomber til terror, likvideringer, statsundergravende virksomhed, hemmelig kommunikation og infiltration og guerilla-krigsførelse i de portugisiske kolonier.

I 1967 indtog den græske 'stay behind army' ved navn 'Hellenic Raiding Force' det græske forsvarsministerium og gennemførte et statskup, hvor de indsatte en højreekstremistisk diktator.

I 1969 indtraf en voldsom terrorbombning på Piazza Fontana i Milano i Italien, hvor 17 mennesker blev dræbt og 80 mennesker blev såret. Dette blev offentligt gjort til en terrordåd udført af venstrefløjen i Italien. 30 år senere, under en retssag imod den tidligere chef for den italienske efterretningstjeneste og højreekstremist general Giandelio Maletti – erkendte Maletti at terrorbombningen i Milano blev udført af hans 'stay behind army' efter ordre fra CIA, med det formål at miskreditere de italienske kommunister.

I 1970 blev en højreekstremistisk afdeling fra den italienske 'stay behind army' Gladio indrulleret i General Francos hemmelige politi i Spanien. Italienerne var flygtet til Spanien, efter at de havde forsøgt at indtage det italienske indenrigsministerium, for at skabe et nyt politisk styre i Italien. Kuppet mislykkedes...

I 1971 gennemførte en højreradikal fløj af det tyrkiske militær sammen med Tyrkiets 'stay behind army' et statskup, for at gøre op med venstreradikale kræfter i landet. Man brugte sin 'stay behind army' til at udrydde modstandere og flere hundrede venstreorienterede personer blev myrdet.

I 1972 sprængtes en bombe nær byen Peteano i Italien, hvorved 3 politifolk blev dræbt. Man kastede først skylden på venstreorienterede i Italien. Men man har senere kunnet spore hændelsen til den højreekstremistiske terrorist Vincenzo Vinciguerra og hans forbindelser til Gladio.

I 1974, under en antifascistisk demonstration i byen Brescia, sprængtes en bombe der dræbte 8 og sårede 102 personer. Samme år sprængtes en bombe i toget imellem Rom og München, Italicus Express, hvorved 12 personer blev dræbt og 48 blev såret. Det er siden kommet frem, at 'stay behind army' organisationen Gladio stod bag begge terrorhandlinger.

I 1977 åbnede den tyrkiske 'stay behind army' ved navn Counter Guerilla, ild imod talerstolen under en demonstration i Istanbul. Der var 500.000 deltagere i demonstrationen. Efter terrordåden lå der 38 lig tilbage på podiet. Antallet af sårede var flere hundrede.

I 1977 blev også det der fik tilnavnet 'Atocha massakren' begået i Madrid i Spanien. Den spanske afdeling af 'stay behind army' angreb sammen med højreekstremistiske italienere fra Gladio et advokatkontor og dræbte 5 personer. Advokaterne repræsenterede det kommunistiske parti i Spanien.

I 1978 blev også den italienske politiker, tidligere premierminister og leder af Kristendemokraterne, Aldo Moro, taget som gidsel af Gladio. Han blev fundet dræbt efter 55 dages fangenskab. Aldo Moro ønskede at inddrage det italienske kommunistparti i regeringskoalitionen.

I 1980 eksploderede en bombe i ventesalen for 2. klasses passagerer på en togstation i Bologna i Italien. 86 mennesker døde på stedet imens flere hundrede blev såret. Politiets efterforskning ledte dem tilbage til den højreekstremistiske 'stay behind army' Gladio.

I 1980 gennemførte den tyrkiske general og chef for den tyrkiske 'stay behind army' Counter-Guerilla et statskup og tog magten i Tyrkiet.

I 1981 fandt det tyske politi et stort våbenlager på Lüneburger Heide - tilhørende den tyske 'stay behind army'. Man kunne kæde effekter fra våbenlageret sammen med en terroraktion begået imod München Oktober Øl Festival, hvor en kraftig bombe dræbte 13 personer og sårede 213.

I 1984 begyndte Tyrkiets 'stay behind army' Counter-Guerilla at bekæmpe kurderne. De myrdede og torturerede tusindvis af kurdere i de år der fulgte.

I 1985 angreb hemmelige styrker et indkøbscenter i kommunen Brabant i Belgien. De skød og dræbte 28 mennesker på indkøb og sårede over hundrede mennesker. Den efterfølgende efterforskning afslørede, at angriberne havde forbindelser til den belgiske 'stay behind army' SDRA8, det belgiske Gendarmerie SDRA6 (politi), den belgiske højreekstreme gruppe Westland New Post, og The Pentagon Secret Service Defense Intelligence Agency (DIA) fra USA.

I 1986 blev den socialistiske svenske statsminister Olof Palme myrdet. Det skete den 28. februar klokken 23.21, da Palme var på vej hjem fra biografen med sin kone Lisbet Palme, ad Sveavägen i Stockholm. Han blev dræbt med et enkelt skud i nakken på klos hold. Det svenske politi fandt aldrig Palmes morder og mange mener at myndighederne i Sverige dækkede over hvem der myrdede Olof Palme. *Min private mening er, at alt i forbindelse med mordet på Olof Palme peger på at det kunne være den svenske fraktion af 'stay behind army' der stod bag.*

I 1990 fandt den italienske dommer Felice Casson dokumenter i arkivet hos den militære efterretningstjeneste i Rom i Italien. Dokumenterne ledte direkte til den italienske 'stay behind army' Gladio. Dommer Felice Casson tvang den italienske premierminister Giulio Andreotti til åbent at erkende eksistensen af en hemmelig hær overfor det italienske parlament.

I 1990 skrev den schweiziske oberst Herbert Alboth et brev til Forsvarsministeriet, hvori han bekendtgjorde at han var villig til at fremlægge 'hele sandheden' om de skjulte armeer. Oberst Herbert Alboth var tidligere chef for den schweiziske 'stay behind army' P26.
Herbert Alboth blev umiddelbart efter fundet i sit hjem, dolket ihjel med sin egen bajonet. Regeringens rapport vedrørende P26 blev lagt offentligt frem samme år, den 17. november.

Dette kapitel er noget længere end de øvrige. Men det er også et af de emner, der virkelig 'trækker tænder ud' om man så må sige. Det behandler det hykleri, der er dagligdag i den politiske og militær-strategiske verden. Og det fortæller om, de militære organisationer der har magt til at ændre de beslutninger, som folket har truffet. De har ikke blot mulighed for at gøre det – det gør det også og har gjort det længe. Vælgerne i de forskellige stater betaler dem, der gør det, igennem deres skat. De ved det bare ikke.

Forsvarspagten Nato, som blev skabt for at forsvare vores frie verden, vores frie demokratiske valg og vores ytringsfrihed, er i ovenstående eksempler blevet anvendt til at manipulere os, krænke vores frihed og nedbryde vores grundlæggende værdier.

Man kan undre sig over, at selvom informationerne er tilgængelige, så er det de færreste, der sætter sig ind i dem. Det er en af grundene til, at verden er som den er. De milliarder af vælgere, der kunne ændre tingene, vil helst ikke kende sandheden...

Man kan med rimelighed påstå, at der i de fleste lande findes et utal af eksempler på, at myndighederne lægger røgslør over begivenheder, som de ikke ønsker at offentligheden, dvs. vælgerne, får indsigt i. Det sker selvfølgelig i alle 'bananrepublikker' - dvs. lande hvor der ikke er et tilnærmet demokrati - og det sker i alle lande i den såkaldt 'frie verden' - dvs. lande hvor der er en form for demokrati, som for eksempel landene i den vestlige verden.

Det, der er et fælles træk ved alle disse hændelser, er, at hvis der opstår uheldige episoder, der får offentlighedens opmærksomhed, så handler det for politikerne om at lægge låg på så længe, at offentligheden mister interessen. For det er desværre sådan, at offentlighedens udholdenhed i sådanne tilfælde er meget ringe, og at ting hurtigt bliver glemt. Og det er også bekymrende...

RETSSAMFUND

Der tales meget om begrebet 'retssamfund'. De fleste politikere og andre demagoger slynger om sig med begrebet. De vil gerne give dig det indtryk, at du som borger i deres samfund er beskyttet af loven, og at ingen er hævet over loven. De vil med andre ord gerne have, at du skal føle dig tryg ved, at netop de har magten, og at du kan stole på dem.

Det er desværre ikke sandt...

Kort fortalt kan alle de kloge og ind imellem overbevisende slagord om dette begreb koges ned til den følgende sætning:

'Retssamfund betyder, at hvis du har penge, så kan du få ret'.

Omvendt betyder det så, at hvis du ingen penge har, så har du væsentlig mindre gavn af begrebet 'retssamfund' - for så er du med i den store gruppe, som bliver manipuleret - og ingen bekymrer sig særligt meget om, hvad du siger eller mener - på nær lige når der er valg, for de vil alle sammen gerne have din stemme.

Nu skulle man tro, at jo højere éns position er i sådan et retssamfund, jo mere 'rent mel har man i posen', fordi det jo gerne skulle belønne sig at være en god borger i et retssamfund. Og det skulle gerne være sådan, at en folkevalgt politiker skulle være et godt forbillede - eller en god rollemodel - for det samfund, de repræsenterer.

Sådan er det desværre ikke...

Der er mange flere eksempler på, at politikere har udnyttet deres position til at berige sig selv - eller til at få gennemført love, som de selv for alt i verden ville have gennemført - ved at misbruge deres magt og indflydelse - end der er eksempler på det modsatte. Under tiden dukker sådanne skandaler op i medierne, og i nogle tilfælde bliver sådanne politikere straffet. Men det sker så kun, fordi 'systemet' er nødt til at få det til at se ud som om, der er retfærdighed til, når man nu påstår, at man lever i et retssamfund.

Der er trods alt en grænse for, hvad vælgerne accepterer, selv om vælgerne i de fleste tilfælde er en stor masse af mennesker, der er svære at vække til dåd.

Det at kende forskel på ens eget og andres:

I Danmark har man pt. en statsminister, som i flere tilfælde har beriget sig i strid med den gældende lovgivning, uden at nogen har krævet ham til ansvar for det på anden måde end at skælde ud. Og selv om han flere gange havde beriget sig, blev han alligevel valgt til statsminister ved et efterfølgende valg. Man kan sige, at retssamfundet ikke havde travlt med at manifestere sig i det tilfælde, hvor statsministerkandidaten havde den samme anskuelse som de magtfulde personer i det offentlige system, hvilket jo i sig selv er betænkeligt...

Man kan så tilføje, at de almindelige mennesker, som udgjorde vælgerskaren endnu en gang viste deres manglende engagement ved at stemme på én, som de godt vidste var 'ufin i kanten'. Det er som om, at man accepterede, at 'sådan er politikere jo'.

Et af de store problemer ved det er, at en befolkning gradvist kan vænne sig til at retssamfundets grænser skrider. Man vænner sig gradvist til, at politikere er magtsyge og beriger sig uretmæssigt. Det man ikke erkender er, at selve den grundlæggende holdning til samfundet, som er den 'lim', der holder sammen på det hele, gradvist går i opløsning. Almindelige mennesker kan ikke se, at der er nogen særlig grund til at være lovlydige, når nu politikerne går foran som eksempler på, at det kan betale sig at bryde loven og berige sig.

Den nævnte statsminister, Lars Løkke Rasmussen, er langt fra den eneste politiker, der ikke kan kende forskel på sit eget og andres. Der har i tidens løb været mange eksempler på både borgmestre, folketingspolitikere og ministre, som ikke har kunnet finde ud af det. Hver gang det sker, er der en lille smule af den lim, som binder retssamfundet sammen, der forsvinder.

Det træge offentlige system:

I kommunen Farum i Danmark havde man en overgang en borgmester, der hed Peter Brixtofte. Han var både borgmester i Farum og samtidig folketingsmedlem i partiet Venstre. Hans liv og levned i Farum kan, uden at overdrive, sammenlignes med det liv, de korrupte politikere i det gamle romerske imperium levede.

Man kaldte ham 'Bykongen'. Han klarede frisag i årevis trods mængder af indikationer på at noget var helt galt. Det var først, da det, der foregik, var så pinligt for retssamfundet, at det ikke længere kunne skjules af bortforklaringer eller 'spin', at han blev fældet.

Man kan ved en overfladisk betragtning begejstres over, at retssystemet trods alt slår til. Men man kan så også bekymres over, at retssamfundet først slår til, når det er uundgåeligt, fordi den implicerede politiker simpelt hen har kørt det hele så langt ud, at retssamfundet er tvunget til at slå til, for at det hele ikke skal falde fra hinanden.

Der er selvfølgelig flere skalaer at vurdere tingene ud fra, når man taler retssamfund. Almindelige mennesker i Danmark trækker blot på smilebåndet, når politikere 'rapser' lidt af kassen. Det skyldes, at de har vænnet sig til, at det er sådan, og fordi de ikke er bevidste om, at tingene er begyndt at skride. De mener, at det trods alt er bagateller...

Helt anderledes svære tilfælde findes jo også, som man kan henvise til i debatten.

Dømt på forhånd:

Også i det retssamfund, som De Forenede Stater (Amerika) udgør, gradbøjer man indholdet af 'retssamfund' lige så lystigt, som klovnen i Tivoli bøjer balloner, når han på 10 sekunder laver en ballonhund i mange farver.

Efter terrordåden den 11. september 2001 proklamerede man, at man nu indledte 'Krigen imod Terror'. På trods af at man handlede på vegne af det amerikanske retssamfund, vedtog man en lovpakke, der ophævede borgeres rettigheder i det øjeblik, man påstod, at de var terrorister. De anklagede fik ingen advokat, ingen rettergang, ingen dom, ingen bevisførelse. De fik en fangedragt og håndjern på, en hætte over hovedet - og blev spærret inde i et fængsel på en militærbase på Cuba uden for det amerikanske fastland. Man kunne nemlig godt se, at man ikke kunne behandle dem sådan inde i selve USA, uden at det ville medføre en masse protester.

Det, man reelt siger er, at man ikke kan bekæmpe terrorens dumme svin - uden selv at være et dumt svin. Det, den opmærksomme læser så spontant vil udbryde, er, at det er der nu flere om at bestemme - for der er jo alle vælgerne - alle de såkaldte 'almindelige mennesker'.

Her er det så, at den lidt triste erkendelse må på bordet. Erkendelsen af at 'de almindelige menneskers' engagement i retssamfundet ikke stikker ret dybt. Og det er ret beset temmelig bekymrende...

Udsagnet, som er essentielt i ethvert retssamfund, nemlig at man er uskyldig indtil det modsatte er bevist, er sat ud af kraft i USA. Det er nok, at samfundets spidser påstår, at man er kriminel...

Den samme holdning er ved at snige sig ind ad bagdøren i mange andre lande i 'den frie verden'.

At stemme efter sin egen overbevisning:

I 'Det Danske Riges Grundlov' står der, at enhver politiker skal stemme efter sin egen overbevisning. Det burde ikke være noget, man bare sådan uden videre kan negligere. Men det gør man, beklageligvis...

Så sent som i uge 2, 2016 proklamerede en indflydelsesrig politiker fra partiet Dansk Folkeparti at: 'Selvfølgelig giver vi folketingsmedlemmer mundkurv på.'

Det at få mundkurv på, når man er folkevalgt politiker, er meget tæt på at være det samme som ikke at stemme efter sin overbevisning. For når man er underlagt ikke at sige, hvad man gerne vil sige, og som man jo i henhold til en anden lov har ytringsfrihed til at sige, så er der ikke langt fra, at man stemmer sådan, som man får besked på ved afstemninger i det danske folketing. Dette burde give anledning til meget stor bekymring, men det lader ikke til at være tilfældet. For 'sådan er det jo bare...' Men det er, uanset hvordan man vender og drejer det, et brud på Grundloven.

Byggematadoren Bøje Nielsen:
At være driftig, anderledes eller bare 'lidt for dygtig' er ikke ubetinget nogen fordel, når man taler om, at det sker i Jantelovens hjemland, Danmark. Det er byggematadoren Bøje Nielsens succes og nedslagtning et bevis på.

Han var god til at få gode idéer, dygtig til at bygge og god til både at tjene og at bruge penge. På et tidspunkt udgjorde han en så stor faktor på det danske byggemarked, at han skulle træde varsomt for ikke at træde de forkerte mennesker over tæerne. Problemet var, at det var han ikke så god til. Han ankom til byggemøder på sine byggepladser i helikopter og førte sig frem i bedste 'Las Vegas stil', hvor han end kom frem.

Han var et menneske, der kæmpede med sine egne indre dæmoner, sådan kan det vist siges pænt. I dag ville man sikkert betegne ham som ADHD, men den betegnelse kendte man ikke dengang. Pressen, der jo elsker personer, der skejer ud, fandt i ham et nemt offer. Kombinationen af flere faktorer, der tilsammen ikke arbejdede sammen til gunst for Bøje Nielsen, endte med at køre ham og hans meget store forretningsimperium i sænk.

Det, der er interessant i denne sammenhæng, er ikke, om han var 'for meget eller for lidt' - men derimod hvordan retssamfundet behandlede ham, da han blev viklet ind i sagen, der basalt set kom til at handle om hans egen eksistens.

Personer i Bøje Nielsens nærhed, som selv havde en økonomisk interesse i, at han blev erklæret konkurs, forsøgte at erklære ham konkurs. Da Skifteretten bad den daværende Privatbanken (i dag Nordea) om at oplyse, hvor mange penge Bøje Nielsen havde stående i garantier på diverse konti i banken, nægtede banken at oplyse det til retten. Det, som Skifteretten kunne have gjort, var at tvinge banken til at afgive de ønskede oplysninger. Men det gjorde Skifteretten ikke. Hvis den havde gjort det, ville det være blevet afsløret, at Bøje Nielsen havde så mange penge, at han ikke kunne erklæres konkurs - og så havde hans byggeimperium kunnet køre videre.

Men det skete ikke...

Skifteretten valgte ikke at kræve oplysningerne udleveret - men i stedet at erklære Bøje Nielsen konkurs. I det efterfølgende opgør kan man med rimelighed sammenligne billedet af behandlingen af Bøje Nielsens forretningsmæssige kadaver med billedet af, at en løveflok har nedlagt en elefant på savannen og efter at have ædt sig mætte har forladt den. Tilbage er så alle gribbene, som vælter sig i kadaveret i så vildt et orgie, at kadaveret næsten er skjult af gribbe. Et tilsvarende billede gjorde sig gældende i afviklingen af Bøje Nielsens konkursbo.

Det advokatfirma, der af staten blev valgt til at behandle konkursboet tog sig, i al beskedenhed naturligvis, betalt med 40 millioner for det slidsomme arbejde. Det vil i dagens penge svare til 100 millioner danske kroner. Det er dog en slat...

Bøje Nielsens meget dyre bilpark, der indeholdt Rolls Royce, Ferrari, Lamborghini og mange andre også antikvariske biler, blev solgt til spotpriser på imellem 10 og 20 procent af deres reelle markedsværdi.

(Vi skal stadig huske, at det her var 'Retssamfundet' der var trådt i karakter.)

Da det hele til slut var gjort op, fik Bøje Nielsen udbetalt de penge, der var til overs. Og selv efter at man havde flået ham fuldstændigt og reelt stjålet meget af det, han ejede, fik han omkring 76 millioner udbetalt. Men hans forretning var forsvundet, hans ejendele solgt, hans ansatte var væk...

Den sag er, i al sin enkelhed, et bevis i scala 1:1 på et retssamfund, der ikke fungerer. Da det bagefter viste sig, at Bøje Nielsen rent faktisk ikke var konkurs, da han blev erklæret konkurs, burde retssamfundet have ydet ham erstatning, fordi den behandling han var blevet udsat for, var enten dybt inkompetent - eller det der var værre. For hvem ved, hvorfor dommeren i Skifteretten ikke pålagde Privatbanken (Nordea) at udlevere de relevante oplysninger? Kan man som siddende dommer i Skifteretten være så inkompetent - eller var der er anden årsag til, at det ikke skete?

Man kan kun gisne...

Bøje Nielsen døde som en knækket og nedbrudt mand i 2007.

Retten til at demonstrere:
I Danmark, som i flere andre vestlige lande, er der tradition for, at man har ret til at demonstrere. I Danmark er denne ret oven i købet stadfæstet ved lov. Men på trods af dette har det danske politi ved flere lejligheder inden for de sidste 10 år anholdt mennesker, der lovligt demonstrerede.

Hver gang det skete var det i forbindelse med en begivenhed, som den siddende regering ikke ønskede synlig modstand imod. Man misbrugte derfor sin magt som politiker til at få politiet til at udføre gerninger, der stred imod det danske retssamfunds love. I et retssamfund bliver sådan noget straffet, men det skete ikke. Det kan virke uskyldigt og lyde som 'brokkerier', men sandheden er, at politiets rolle på den måde ændres fra at være at beskytte borgernes rettigheder til at være de til enhver tid siddende magthaveres forlængede arm og redskab til at fjerne modstand - også selv om det betyder, at det politi hvis opgave det er at sikre at love bliver overholdt - selv bryder dem.

Eksempel:

Under klimatopmødet COP15 i København i 2009 masseanholdt politiet en stor mængde demonstranter ved en lovligt anmeldt demonstration. Da mange af de anholdte efterfølgende sagsøgte politiet for uberettiget frihedsberøvelse, fremlagde politiet store mængder data om de enkelte demonstranter. Politiet havde i strid med loven foretaget en omfattende registrering af demonstranterne. De anvendte disse data i et forsøg på at retfærdiggøre anholdelserne. Problemet med det var, at man ikke kendte disse data, da man anholdt folk – og at disse data typisk drejede sig om parkeringsbøder og lignende. Fuldstændigt irrelevante oplysninger. Der var derfor tale om 'efterrationalisering', da politiet indsamlede disse data. Faktum var, at politiet forhindrede en lovligt anmeldt demonstration, fordi politikerne ønskede den forhindret. Politiet brød loven, som politiet er sat til at forsvare...

JURA

Hvis man som borger i det førnævnte retssamfund bliver udsat for noget, som er helt urimeligt, kan man lægge sag an ved domstolene. Det lyder fint, og det er det sådan set også. Der er bare nogle ting man skal gøre sig klart.

Den første ting er, at hvis man ikke har penge - dvs. ikke har råd til at betale for sin advokat – bør man bare glemme det. Man får i det tilfælde ikke ret, fordi man ikke har råd til at få ret. Det er nu en gang sådan, retssamfundet er indrettet.

Den anden ting er, at advokater ikke koster det samme.
En god advokat er dyrere - meget dyrere - end en ikke helt så god advokat. En god advokat tjener det samme i timen, som mange almindelige mennesker tjener på en uges arbejde.
Så hvis du er ham, der fylder hylderne op i Aldi eller Fakta, har du kun råd til en god advokat i én time efter en uges arbejde - og hvad kan man nå på en time ud over at forklare ham, hvad sagen drejer sig om?

Den tredje ting er, at advokater altid har ret til at få betaling som den første af alle implicerede.
Så uanset udfaldet af en sag - og uanset hvem, der er involveret er advokaterne de første til at blive betalt.
Hvis der så er noget tilbage, kan andre få deres penge, men først da...

Den fjerde (og ikke uvæsentlige) ting er, at du aldrig, aldrig kan få nogen garanti fra en advokat. Hans verden er en lukket verden, hvor kun han og hans ligestillede kan gøre sig gældende. Det er en verden så indsyltet i procedurer, at man ikke vil kunne finde ud af det, hvis man ikke er uddannet som advokat.
Det er der selvfølgelig en grund til. På den måde kan man nemlig ikke gøre brug af sin grundlæggende ret i retssamfundet uden

at gøre brug af en advokat. Og det, må man sige, er et særdeles smart træk...

Med hensyn til en klients forventninger til en advokats præstationer er der et særligt punkt, man skal gøre sig klart. Nemlig det med, hvad man får for pengene.

Hvis man køber en leverance hos et firma, så har man et stribe rettigheder, der skal sikre én som kunde. For eksempel hvornår man får varen leveret.

Hvis man får bygget et hus, skal entreprenøren normalt betale dagbøder, hvis huset ikke er færdigt til tiden. Og man går en 'mangelgennemgang', inden man overtager huset, så man kan påberåbe sig fejl og mangler ved det hus, man har købt. I grelle tilfælde kan man nægte at overtage huset, før manglerne er udbedret.

Hvis man køber et TV-apparat hos Elgiganten og ikke får det leveret til tiden, kan man nægte at modtage det og i stedet handle et andet sted.

Hvis man handler med en advokat, som taber en sag, man ellers troede, man ville vinde, og hvor man føler, at advokaten har gjort en dårlig indsats, skal man alligevel betale ham. Hvis man stadig er utilfreds, kan man klage til Advokatrådet. Rådet, der skal vurdere om ens klage er berettiget, består af - advokater...

Lad mig sige det kort: Det er næsten umuligt at bevise, at en advokat ikke har gjort det godt...

Endelig er der den lille detalje, at man kan 'begrave' en modstander i dokumenter, skrivelser og hvad det nu alt sammen hedder på jurasprog.

Er man oppe imod en stærk modstander med penge på kontoen, vil man meget enkelt kunne blive sat til vægs ved, at hans hær af advokater simpelt hen begraver en i dokumenter, som man skal svare på. Hvis man så sidder der med en gratis advokat fra 'Advokathjælpen' - som man kan besøge en gang om ugen og få en halv times gratis snak med - så er det indlysende, hvordan tingenes tilstand er, og hvad resultatet bliver.

Vælger man i stedet at svare selv, har man tabt. Når man møder op i retten, er der ingen, der har respekt for én, der af et godt hjerte forsøger at vinde en retssag ved simpelt hen bare at være ærlig. Det vil blive et pinligt indslag i retssystemets historie og vil fremkalde overbærende smil på alle læber.

Sandheden er ganske enkelt, at i juraens verden handler det ikke om retfærdighed - det handler om jura. Og jura handler ganske enkelt om, hvem der er mest smart.

En advokat i entrepriseret på en byggeplads sagde engang til mig med et glimt i øjet og et skævt smil: 'Claus, dette her handler om jura - hvis du vil have retfærdighed, så skulle du have læst til præst!'

'Retssamfund' handler basalt set om, hvordan man har indrettet sit samfund til at løse konflikter. Mange tror fejlagtigt, at det handler om at gøre samfundet retfærdigt - det gør det absolut ikke. Det handler om, at de, der forstår at bruge systemets rammer til deres egen fordel, har magten over dem, der ikke forstår, hvordan man gør - eller ikke har råd til at være en del af det.

Det kan så gå hen og blive lidt mere retfærdigt i det tilfælde, hvor begge parter har råd til advokaterne, og begge parter er rustede til at tage kampen. I sådanne tilfælde kan ingen af parterne udnytte, at den anden part er hjælpeløs. Undtagelsen herfra er dog, hvis den ene part er staten – dem, der administrerer retssamfundet. I sådanne sager får man sjældent ret, næsten uanset hvem man er.

RELIGIONER

I de gamle samfund i vikingetiden valgte folk også deres egne ledere, men dem de kunne vælge imellem, var de stærkeste og mest hårdføre eller de bedste krigere. Ud over det var det væsentligt for en vikingeleder, at han kunne skaffe velstand til sine undersåtter. Uden velstanden blev han afsat.

Den type ledere, man kender i dag - små tykke mænd i jakkesæt, der kun kan snakke - havde ikke mange chancer for at blive ledere dengang.

Vikingerne var hårdføre krigere med deres eget sæt af regler og deres egen opfattelse af retfærdighed.

De grundlagde mange af de handelsruter, der forbandt civilisationer med hinanden på den nordlige halvkugle.

Det var den stærkes ret, der talte dengang. Havde man en stærk leder, der samtidig var klog og i besiddelse af overblik, gik man en god fremtid i møde. De havde deres egne guder, som de troede på, at de skulle møde i Valhalla, når de var døde med ære på slagmarken. Det var på mange måder en enkel verden.

Hvis en vikingeleder, en Jarl, ikke gjorde det godt, ikke skabte velstand og glade undersåtter, så blev han afsat. Han var afhængig af deres opbakning. Han havde en stor magt i den tid, han var Jarl, men hvis tiden var imod ham, kunne enhver udfordre ham. Der skulle bare være en god grund til at gøre det.

Og stadig havde den lille, veltalende type, vi kender som leder i dag, ikke mange chancer dengang. Hvad gjorde man så?

Man introducerede kristendommen for vikingerne. Og trods modstand imod dette var vikingernes ledere nysgerrige af natur. Det endte med, at de tog kristendommen til sig og lagde afstand til de gamle guder fra Valhalla. Fra da af var deres kultur besejret og gik til grunde.

De blev i stedet indlemmet i en ny kultur, der styrede og manipulerede dem fra en kirke i Rom.

Kristendommen er den mest udbredte religion på Jorden med sine 2,2 milliarder troende. Det svarer til en tredjedel af Jordens befolkning.

Islam er den næststørste religion med 1,6 milliarder troende.

Ikke troende udgør 1,1 milliarder mennesker. De nævnes her, fordi det er interessant at vide, hvor udbredte religioner rent faktisk er.

Hinduismen tæller 1 milliard troende.

Buddhismen er den fjerdestørste religion. Buddhister anerkender ikke eksistensen af en Gud, men ser buddhismen som en vej til dybere erkendelse. Derfor betragter buddhister ikke selv buddhismen som en religion. Buddhismen er baseret på læren fra Siddharta Gautama, som formodes at have levet mellem ca. 560 f.Kr. og ca. 480 f.Kr. i Indien.

Mange andre og mindre religioner udgør resten af de troende i verden.

Religioner tager som oftest udgangspunkt i læren om Gud, skaberen af livet på Jorden. De gør det på forskellige måder og beskriver det forskelligt, men essensen er den samme. De anviser vejen til Gud.

Religioner postulerer, at Gud er kærlighed. Kærligheden til verden og mennesker, kærligheden til alt levende. De postulerer også, at de hver især anviser den eneste rette vej til Gud.

Der er mange vinkler, man kan anlægge i sine vurderinger af essensen i alt dette: En af vinklerne er at finde ud af, hvorledes de, der så at sige bestyrer alle disse religioner, selv opfører sig.

Kristendommen 'bestyres' af kirker, der ejer store besiddelser og store formuer.

Vatikanet, som er en del af den kristne kirke, håndterer katolikkernes relation til Gud. Vatikanet har sin egen bank. Vatikanet ejer en absolut væsentlig del af alle faste ejendomme i og omkring Rom i Italien samt mange andre ejendomme rundt omkring i verden. Vatikanet ejer også aktier i mange firmaer, heriblandt aktier i de største, multinationale selskaber.

Alt dette skal ses i sammenhæng med, at Jesus, Guds søn på Jorden, prædikede om, at man ikke skulle efterstræbe falske værdier som ejendomme og guld.

Den kristne kirkes biskopper og præster prædiker det samme budskab, som Jesus gjorde, mens de selv er iført værdifulde rober med guldbesætninger - i kirker, der er fyldt med værdigenstande og guld.

Der er en iøjnefaldende forskel på den måde, sådanne kirker agerer på og det budskab, de prædiker.

Jesus, Guds søn, som de kristne kirker taler om, ejede kun den kjortel, han selv gik rundt i. Han havde ingen bank, ingen ejendomme og gik ikke prangende klædt.

Man forledes til at tro, at kirkerne alle sammen må have misforstået budskabet undervejs.

I den kristne Bibel taler man om, at mennesker der 'dansede om guldkalven' gik til grunde. Gud straffede dem, fordi de 'dansede om guldkalven' - stræbte efter rigdom i stedet for at efterleve Guds ord. Derfor er det temmelig forvirrende, at kirkerne selv 'danser om guldkalven', imens de prædiker, at vi andre skal gøre det modsatte.

Islam er lidt mere tilbageholdende med at skilte med rigdomme, selv om man inden for islam også har moskéer, der ikke står tilbage i pragt.

Jeg er ikke selv medlem af nogen kirke - og gør her brug af min ytringsfrihed til at beskrive, hvad jeg mener om religioner.

Jeg mener, helt grundlæggende, at religioner, der prædiker om Guds kærlighed, er skyld i eller medvirkende til, et utal af folkemord, krige, undertrykkelser og fortielser. Religioner manipulerer folkemasser og medvirker til at holde folkemasser i ave, uanset hvilket samfund de er repræsenteret i.

Magthavere i alverdens forskellige samfundskonstruktioner har altid brugt religioner som et redskab til at holde styr på indbyggerne. De forskellige kirker ledes af mennesker, og mennesker kan korrumperes.

Religioner handler om magt og manipulation.

Det ses bedst af, at religioner (for det meste) er ekstremt intolerante. Måske på nær buddhismen, som jeg anser for at være den mest ydmyge af alle de religioner, jeg kender – og som ikke ser sig selv som en religion.

Både Bibelen og Koranen er skrevet af 'almindelige mennesker', længe efter at både Jesus og Muhammed levede.

De er begge skrevet i en tidsalder, som vi i dag vil betegne som tilbagestående i alle andre forhold, end når det lige præcist handler om de to værker.

For at gøre de to værker forståelige for 'almindelige mennesker' bliver både Bibelen og Koranen 'fortolket' af lærde mennesker. Man mener fra de styrende kræfter bag religionerne ikke, at mennesker i al almindelighed er i stand til at forstå budskaberne, hvis man ikke får dem forklaret.

I den kristne kirke foregår det ved, at præster i deres prædikener forklarer, hvad der egentlig menes med de mere end 2.000 år gamle skrifter.

Inden for islam mente man ikke, at almindelige mennesker skulle behøve at bruge tid på at forstå Koranen. Derfor udarbejdede de lærde for længe siden fortolkninger af Koranen, som man i dag bruger. Fortolkningerne fylder mange bind og er meget komplicerede. Derfor er det de lærde, som sidder på Islams magt - og de kan bruge den til, hvad de vil. Der er mange fraktioner inden for islam. De er ikke alle sammen lige fredelige.

Hvis der findes en sådan Gud, som religionerne prædiker om, tror jeg næppe, at denne Gud ville bifalde, at mennesker slår hinanden ihjel - især ikke hvis det sker i den samme Guds navn.

Men det er nu engang det, der sker.

At få mænd til at tro på, at deres Gud belønner det at ofre sig i hellig krig (Jihad) med, at man i himlen får stillet 72 jomfruer til rådighed, er absurd. Det er resultatet af en ufattelig manipulation, det er et af de lærdes påfund. Det er afgjort ikke en kærlig Gud, der har fundet på det. Og endelig viser det jo en del om mænds opfattelse af kvinder i den del af den muslimske verden...

Alle religioner er enige om, at 'Guds kraft' handler om kærlighed. Alle religioner prædiker om netop det, imens de skaber krige, undertrykkelse og elendighed - skraber formuer sammen og bygger paladser til sig selv - danser om guldkalven - gør alt det, som de prædiker om, at vi andre ikke må.

Jeg bifalder mange af de idealer, som religioner taler om. 'Du må ikke slå ihjel' er et af dem.

Det, jeg ikke bifalder, er, at nogle gør det til en forretning - tager 'patent' på at formidle budskabet om kærlighed - imens de selv misbruger den indflydelse, det giver dem.

Mit budskab er, at alverdens mennesker skal frigøre sig fra religionernes spændetrøje og selv finde ind til kærligheden i sig selv.

Så længe vi lader os manipulere til at deltage i scenarier som kristne 'feltpræster', der velsigner mandskabet og kanonerne på et slagskib før et søslag - eller muslimer, der råber 'Alla-u-Akbar' før de stormer frem og myrder andre mennesker, er vi gidsler i religionernes manipulation af os og vores opfattelse af hinanden.

Jeg tror på, at det, vi betegner som 'Guds kraft', kan ses i øjnene på et lille barn, kort tid efter at det er født. Jeg tror, at alle mennesker bliver født med denne kim til et liv i kærlighed i sig. I stedet for at søge Guds kærlighed i alt muligt andet, burde vi skabe en verden, hvor børn kunne udvikle sig uden at blive påvirket af krig, sult og elendighed. Set i det store perspektiv, der handler om menneskehedens overlevelse, tror jeg, det er de børn, der undgår den ødelæggelse, de i dag udsættes for, der for alvor vil have potentialet til at ændre verden. De vil skabe den menneskehed, vi alle inderst inde drømmer om en dag vil blive skabt.

RACISME

Da jeg voksede op, kaldte man en person med sort hudfarve for en 'neger'. I dag kan man blive straffet for at bruge den betegnelse. Man betragter ordet 'neger' som nedsættende. Man tror, at man ved at ændre et sådant ord, kan gøre mennesker tolerante. Det er fuldstændigt latterligt. Lige så latterligt som at ringeagte et andet menneske, fordi det har en anden hudfarve.

Min definition på racisme er: *at udtrykke sig (eller agere) nedsættende om et andet menneske på baggrund af hudfarve, religion, kultur, handicap eller køn.*

Man gik endog så langt som til at forbyde børnebogen 'Lille Sorte Sambo', for på den måde at vise (og selv tro på) at man absolut ikke var racistisk. Det står for mig som noget fuldstændigt naivt at gøre. For bogen blev skrevet og publiceret i en anden tid, i en anden verden. Lad os i stedet være ærlige, kigge tilbage på den bog med et skævt smil og erkende, at vi ikke vidste bedre dengang. Det at forbyde sådan en bog er det samme som ikke at tage problemet alvorligt. Det er symptombehandling.

Den amerikanske borgerretsforkæmper Dr. Martin Luther King brugte selv betegnelsen 'negro' om dem, han kæmpede for. I vores krampagtige stræben efter at symptombehandle alting, burde man jo så redigere de gamle taler af Dr. King, så ordet 'negro' ikke længere findes der. Det gør man så ikke, fordi det er åbenbart, at det ville være både latterligt og 'helligbrøde' at ændre i denne vise mands taler. Man nøjes med at forbyde 'Lille sorte Sambo'…

Min definition på racisme er bredere end den almindeligt gængse. Den tager sit udgangspunkt i en dom fra den danske Højesteret, der i 2003 definerede racisme således:
"Forskelsbehandling og undertrykkelse af eller blot afstandtagen fra grupper af mennesker, som godt kan være af samme race som en selv."

Det er en klar ændring af tidligere tiders definitioner, der altid tog udgangspunkt i at racisme basalt set handlede om race. Med den ovenstående definition tror jeg, at alle mennesker kan kaldes racister. Mindst halvdelen af alle fodboldtilskuere til alle fodboldkampe ville så kunne anholdes og fængsles for racisme, efter at de har hånet det andet holds tilhængere.

I dialogen om racisme indgår også, at mange i de vestlige kulturer er nærmest konfliktsky, når det handler om racisme. Man er enten racist - eller det stik modsatte. Det stik modsatte er for mig at være énøjet, naiv og bange for at se realiteterne i øjnene.

Talen om racisme handler i f.eks. Danmark altid om, at danskere, hvis familie kan spores mange generationer tilbage, kan være racistiske over for flygtninge eller danskere, hvis familie kun går nogle få generationer tilbage.

Men sandheden er, at efterhånden som antallet af tilflyttere til Danmark er øget markant - af mennesker der kommer fra en anden kultur, har en anden religion og i mange tilfælde har en lidt anden hudfarve - forekommer der også en del racisme fra deres side imod den oprindelige befolkning. Det taler man bare ikke ret meget om. Man er i de fleste tilfælde konfliktsky, fordi man som nation gerne vil fremstå som 'pæne, ordentlige, demokratiske borgere med en høj moral og en høj grad af frihed'.

Det holder bare ikke. Hvis man vil tage et afgørende skridt i forhold til racisme skal 'ligene på bordet', så man kan finde ud af, hvad man reelt skal gøre for at bekæmpe racisme, i stedet for bare at snakke om det i det uendelige, imens racismen langsomt æder tolerancen op.

Eksempel:
På hjemmesiden 'Antiracisme.dk' - som sikkert er startet af nogle velmenende mennesker med en høj moral, skriver man følgende, når man skal forklare, hvad racisme er:

Forskellige former for racisme eller racediskrimination

Racismen kan udtrykkes på mange forskellige måder, men for at kunne forholde sig til racisme eller racediskrimination, er det nødvendigt at finde ud af de forskellige typer. Racediskrimination indeholder i udgangspunkt to elementer: fordomme/stereotype opfattelser i kombination med en direkte eller indirekte racisme/diskrimination:

1) Direkte isoleret racisme/diskrimination:
Enkeltpersoners racistisk motiverede adfærd/handlinger. Det kan være overfald mod en person med etnisk baggrund, hvilket ofte forekommer i nattelivet. Denne form kan også forekomme i mindre grupper.

Det er så her, at kæden hopper af. Man tager nemlig udgangspunkt i, at racisme kun kan forekomme over for folk med en 'etnisk baggrund'. Men verden har forandret sig.

I dag forekommer der mange overgreb fra mennesker med en anden kulturel baggrund, hudfarve og/eller religion end traditionelt dansk, svensk eller fransk. Formuleringen er derfor ubalanceret og naiv og viser den føromtalte konfliktskyhed. Det man burde have skrevet kunne være:

1) Direkte isoleret racisme/diskrimination:
Enkeltpersoners racistisk motiverede adfærd/handlinger. Det kan være overfald mod en person med en anden hudfarve, en anden religion, et andet køn eller en anden kultur, hvilket ofte forekommer i nattelivet. Denne form kan også forekomme i mindre grupper.

I øvrigt er det ikke særligt velformuleret, men lad nu det være...

Traditionerne for racistisk adfærd går lige så langt tilbage som til menneskets oprindelse. Af 'slående eksempler' er spaniernes undertrykkelse af de sydamerikanske folk. Spanierne betragtede på alle måder indianerne som 'undermennesker' - de slagtede dem brutalt, stjal deres guld og ødelagde deres kultur. Og de påtvang dem kristendommen, fordi de ikke respekterede deres religion.

Alt hvad spanierne gjorde i Sydamerika var gennemsyret af racisme.

Portugiserne gjorde det samme i Afrika...

Hollænderne gjorde det samme i Afrika...

Tyskerne gjorde det samme i Afrika...

Englænderne gjorde det samme over det meste af verden...

Belgierne gjorde det samme...

Amerikanerne udryddede den oprindelige indianske befolkning i Amerika.

Og så videre...

Man kan nok sige, at alle de store imperier, der har eksisteret i verden siden tidernes morgen, har haft deres udspring i blandt andet racisme. Man har følt sig berettiget til at undertvinge andre folkeslag uden smålig skelen til deres rettigheder.

Milliarder af mennesker har igennem historien måttet lade livet på grund af racisme.

Min påstand er, at så længe man ikke først og fremmest ser verdens befolkning som 'mennesker' - før man overhovedet begynder at omtale dem som kurdere, amerikanere, danskere - sorte, gule, brune eller hvide - mænd, kvinder, gamle eller unge - så længe vil racismen være en ødelæggende kraft, der forpester menneskers liv og deres muligheder for at leve fredeligt med hinanden.

Det er fuldstændigt ligegyldigt, hvad man end måtte vedtage af resolutioner i FN eller i alverdens politiske elitære 'arenaer' - det handler om hvert enkelt menneskes følelse af, hvad det vil sige at være et menneske - iblandt 6 milliarder andre mennesker - alt det andet leder ikke til nogen forbedring...

Racisme har været et værktøj for mange nationers ledere, igennem alle tider.

- Hitler samlede det tyske folk omkring hadet til bolsjevik-kerne og jøderne.
- USA's grundlæggelse som supermagt hvilede tungt på udryddelsen af de amerikanske indianeres folk og kultur. Gentagne gange indgik man aftaler med indianerne. Aftaler som man dernæst brød. Man havde kun hån til overs for indianernes forståelse for, at man skulle leve i balance med naturen. I dag ville de samme indianere være dem, der havde de bedste forudsætninger for at lære vores højtudviklede civilisationer at overleve. Da den hvide mand startede sin ekspansion i Amerika, levede der 19 millioner indianere dér. I 1970 var der 270.000 indianere tilbage. Dengang var det ikke en mulighed at blive flygtning og søge asyl i andre lande. General Philip Sheridan udtalte i 1870'erne de berygtede ord: 'Den eneste gode indianer er en død indianer.' Han var en af hovedkræfterne i folkemordet på de indianske folk og anklages i dag for ekstrem racisme. Det, amerikanerne bedrev, var det, man kalder 'Folkemord' eller 'etnisk udrensning' - det strider imod alle menneskeretskonventioner, Folkeretten og al international lovgivning.
- Danmark okkuperede Grønland, krængede dansk kultur og religion ned over hovedet på grønlænderne, tvang dem ind i et dansk kulturmønster, dansk designede boliger, dansk skattesystem og dansk samfundsorden - som nedbrød dem og udraderede deres kultur. Også de levede i balance med naturen, også de havde meget at lære os andre. Også deres efterkommere lever nu i skyggen af den racisme, der udraderede deres kultur...
- Hele det afrikanske kontinent er stadig offer for racisme. Udbytningen fortsætter som tidligere, trods officielle erklæringer og fredspriser fra Nobel.
- Når religioner møder andre religioner, viser racismen sig.

Det viser, at ingen traktater, store taler eller bandlysning af små bøger som 'Lille sorte Sambo' kan stille noget op over for racisme. Det eneste, der kan eliminere racisme, er det enkelte menneskes forståelse for og erkendelse af, at vi alle er mennesker - og skal leve sammen som mennesker.

EN CIVILISATIONS SAMMENBRUD

Man kunne godt forledes til at tro, at det samfund, man vokser op i, og som danner rammen om éns liv og udvikling, er en uforanderlig størrelse. En tryg og sikker bastion, som ingen kan udhule, ødelægge eller destruere.

Men det er ikke sandt.

Hvis man kigger tilbage på tidligere tiders supermagter og deres endeligt, forstår man, at intet varer evigt - alt har sin tid, hvorefter det går til grunde.

Man kan så spørge sig selv, hvorfor? Hvorfor går supermagter til grunde, hvorfor forsvinder kulturer? Hvad skete der med dem?

En af grundene til, at der forekommer at være en form for fællesnævner for dem alle, en fælles skæbnehistorie, er, at alle kulturer har en identisk indbygget mekanisme, der leder til deres egen undergang.

Den type af ledere, et samfund har brug for, når det startes op - udvikles - og drives, er ikke de samme hele vejen igennem. Hvad mere er - den type ledere, der har sans for at tilrane sig magten, når en civilisation har 'peaket' / har nået toppen, er historisk set dem, der er drivkraften bag, at samme civilisation ender med at gå til grunde.

Lad det være sagt med det samme: Det er ikke raketvidenskab at gennemskue det - man skal bare være i besiddelse af almindelig, sund fornuft.

En lille anekdote:

I 2006 var der en udsendelse på TV-kanalen CNN, hvor man interviewede en række økonomiske eksperter i USA. En af dem skilte sig så meget ud fra de øvrige, at han blev latterliggjort for åben TV-skærm. Hans navn var (og er stadig) Peter Schiffs. Han var direktør for en bank i USA. Han havde over for nyhedsmedier i Wall Street proklameret, at USA var på vej imod en økonomisk katastrofe, som han forudså ville indtræffe i 2007 eller 2008. De øvrige deltagere i udsendelsen klaskede sig nærmest på lårene af grin og gav i meget klare vendinger udtryk for, at de anså ham for ikke at ane det mindste om, hvad han udtalte sig om. De henviste til, at alle tegn i sol og måne tydede på, at alt gik godt for den amerikanske økonomi. Der var efter deres mening intet, som bare antydede, at der var en negativ udvikling på vej.

Peter Schiffs kommentar til al deres latterliggørelse var, at han ikke byggede sine udsagn på økonomiske analyser, men på almindelig sund fornuft. Han sagde:

'Når en almindelig families hjem stiger i værdi hver nat, bliver jeg bekymret. Folk optager lån i huse, som de køber, lån som de reelt ikke kan betale tilbage, hvis de bliver tvunget til det. Folk låner mere, end de kan magte, fordi de ved, at deres hus kommer til at stige meget i værdi, for det er, hvad bankerne fortæller dem. Det, de glemmer, er, at den værdistigning, der sker i deres hus, ikke er reel. Imens de sover, har de ikke tilført nogen værdi til huset, de har ikke skruet en skrue i eller sat en væg op. Når de vågner om morgenen, er deres hus alligevel steget i værdi, uden at de har gjort noget som helst andet end at sove. Min bekymring er, at værdistigningen kun bunder i andres forventninger til, hvad huset er værd. Der er ikke tale om nogen reel værdi, kun hvad andre tror, det er værd. Den dag, hvor man mister troen på, at det vil stige - den dag vil ballonen revne og hele prissætningen af ejendomme i USA kollapse. Det er almindelig sund fornuft.' (Ikke ordret citeret, men pointen er den samme, som i det han sagde.)

En af de andre 'eksperter' sagde som svar herpå, at han efter TV-udsendelsen ville købe for 100 millioner dollars aktier i de banker, der lånte penge ud til boliglån, kun for at bevise over for Peter Schiffs, at han tog grueligt fejl.

To år senere, i efteråret 2008, da den amerikanske økonomi var fuldstændig kuldsejlet og almindelige familier var bankerot, indbød CNN de selvsamme eksperter til at deltage i et opfølgende interview sammen med Peter Schiffs. Ingen af de andre eksperter ønskede at deltage, så speakeren fra sidst var alene på skærmen sammen med Peter Schiffs.

Speakeren forklarede, at den 'ekspert', der havde købt for 100 millioner dollars aktier, var blevet erklæret personligt konkurs.

De øvrige havde også lidt tab og var i øvrigt flove over, at de havde gjort grin med den eneste, der havde haft modet til at tænke ud af boksen, nemlig Peter Schiffs. Så de ønskede ikke at udsætte sig selv for den ydmygelse, det ville være at deltage i det opfølgende interview.

Det bemærkelsesværdige omkring hans udsagn var ikke så meget, at han havde forstand på det, han udtalte sig om - det var derimod, at det, han sagde, gik stik imod alle de officielle prognoser. Det på trods af at han selv var en af eksperterne. Han havde lyttet til sin egen sunde fornuft og sit eget instinkt - og havde haft ret.

Denne lille historie er meget vigtig, fordi den siger alt om, at man ikke behøver at være ekspert i noget som helst for at have ret til at have sin mening - og at udtrykke den.

Den typiske politiker-arrogance er jo, at hvis en afstemning går en politiker imod, så er hans forsvar for det, at emnet nok også var for kompliceret for 'almindelige mennesker' at forholde sig til. Men det er der ikke noget, der er. Det handler nemlig om, at det er vigtigt, at mennesker i almindelighed får de nødvendige informationer omkring det, de skal forholde sig til, før de kan gøre det. Politikere er typisk sådanne mennesker, som hyrer spindoktorer i et forsøg på at få alle disse facts til at fremstå anderledes end den virkelighed, de er del af. Og, kan man tilføje: Hvis det er sådan, er det naturligvis svært for almindelige mennesker at danne sig en mening, fordi de reelt bliver fyldt med 'løgn og varm luft'.

Tilbage til hvordan man kan se, at et samfund er ved at bryde sammen.

Analogt til historien om Peter Schiffs vil der være mange tegn på, at et samfund er begyndt at krakelere, længe inden det officielt bliver bekræftet. Ting, som du måske ikke lægger mærke til, men som du bør være opmærksom på.

- Når man i et land som Danmark begynder at skære ned på udgifterne til undervisning, vel vidende at uddannelse og viden er det eneste 'råstof', man i Danmark har at byde på...
- Når en superstat som USA bruger 26% af sit BNP på forsvarsudgifter, og det samtidig er klart for enhver, at USA's gæld er så stor, at hver eneste amerikansk borger er insolvent, hvis man kræver, at gælden bliver indfriet – så er det kun et spørgsmål om tid...
- Når syge mennesker ikke længere får den behandling, de lovmæssigt har krav på. Når aviserne er fyldt med eksempler på, at det offentlige sygehusvæsen misforvalter sin pligt til at tage sig af patienterne...
- Når skandalerne omkring politikere tager til og bliver mere og mere ekstreme. Specielt når det handler om, at politikerne rager til sig, mere end de plejer...
- Når et lands skattevæsen ikke længere magter at indkræve skat fra de krævende skattebetalere, nemlig de store selskaber - men er henvist til at skrabe sammen til de offentlige udgifter hos landets almindelige borgere...
- Når de politikere, som bliver hentet ind i regeringen, ikke længere kan noget - er unge, der ikke har magtet at tage en uddannelse, aldrig har haft et almindeligt arbejde, ikke er i besiddelse af nogen livserfaring, ikke har prøvet at stifte familie, ikke kender noget til livets mange aspekter.
- Når antallet af hjemløse stiger og stiger, uden at nogen gør noget for at afhjælpe problemet...
- Når de unge i samfundet ikke kan få arbejde eller uddannelse, og man 'taber en generation på gulvet'...

- Når man ikke længere kan forhindre landets pensionister i at være henvist til at leve under det, man tidligere har betragtet som 'fattigdomsgrænsen'...
- Når almindelige borgere, der har brug for en håndsrækning fra staten eller kommunen – og som har krav på det i henhold til loven – ikke får det – og må opgive at kæmpe imod 'systemet' enten fordi de ikke magter det, ikke evner det eller ikke har råd til det.

Og så alle de 'små ting', som alle sammen peger i den samme retning - nemlig at landet bliver fattigere og fattigere. At veje ikke bliver vedligeholdt - at parker ikke bliver passet - at borgere ikke kan få en direkte dialog til offentlige myndigheder, fordi der er indskudt et 'filter', man har svært ved at kontakte eller komme forbi, som f.eks. 'Udbetaling Danmark'...
Der er mange, mange indikatorer...
Man skulle så tro, at de, der leder et samfund og får det godt betalt med god løn og store pensioner, ville være i stand til at forudse en sådan udvikling, det er jo trods alt det, de får deres løn for. Men det magter de ikke, for de er optaget af at sikre deres egne positioner, sikre deres egen løn og pensioner - imens de hyrer spindoktorer, hvis opgave det er at bortforklare alt det, der burde være blevet forklaret.

Ser man på Europa (EU), går det op for en, at der ikke er nogen bundgrænse for småligheden og det lave selvværd. Man bruger, 1,4 milliard kroner på at flytte EU's parlament fra Bruxelles til Strasbourg - eller tilbage igen, 12 gange om året, og udleder på den konto 19.000 tons CO_2, som belaster EU's klimaregnskab i en tid, hvor alle skal mindske CO_2 udledningen. Man flytter de 736 folkevalgte politikere og flere tusinde administratorer, lobbyister, journalister og andre. Det kræver i henhold til EU's love enstemmighed iblandt de 27 medlemslande at ændre det. De er næsten enige om at droppe EU's store flyttecirkus.
Det eneste land, der stemmer imod, er Frankrig.

Det er, sådan som jeg ser det, logik for perlehøns - at hvis man ikke kan blive enige om at ændre noget, der er så himmelråbende tåbeligt, så kan man næppe blive enige om noget som helst, man kan bruge til noget som helst. Hele tankegangen bag EU's flytte-cirkus er en så altsigende urimelighed, at den kun er en falleret superstat værdig - og det er netop, hvad EU er. En sidste kram-petrækning i forsøget på at undgå, at Europas stater for Gud ved hvilken gang går i krig med hinanden.

Som en konsekvens af alt dette melder England sig så ud af EU ved en folkeafstemning i juni 2016. Statsministre fra mange an-dre lande i EU har travlt med at slå fast, at der ikke vil komme tilsvarende folkeafstemninger i deres lande. Velsagtens fordi de ikke tør risikere, at sådanne folkeafstemninger vil føre til samme resultat.

Man kan så spørge sig selv, om det er demokratisk ikke at ville lytte til folket? Og det er det jo ikke. For befolkningerne har gen-nemskuet, at det nye europæiske imperium i bund og grund er et scenarie, hvor et ministerråd har tilranet sig så meget magt – at det parlament, hvor de folkevalgte politikere sidder nær sagt er sat ud af spillet. EU har, via interne magtkampe, undergravet de-mokratiet i sig selv. Det er det, som befolkningerne, om end de har været længe om det, endelig sætter sig op imod.

Det er, i modsætning til de forgangne imperiers historier, et ek-sempel i 1 til 1 på, hvorledes mekanismerne er bag et imperiums ødelæggelse af sig selv - som vi kan følge fra første parket, fordi det hele udspiller sig lige nu og her for vore øjne.

Hvis man skal skabe en bedre verden, hvis opgave det er at for-svare almindelige borgeres rettigheder, må man gøre følgende:

- Finde ud af, hvordan man motiverer almindelige menne-sker til at interessere sig for verden og for hinanden.
- Finde ud af, hvad det er for en sygelig drivkraft, der ligger bag mennesker, der går efter magten. Og finde ud af, hvordan man kan eliminere den.

- Finde ud af, hvorledes verdens ressourcer kan fordeles, så alle får en 'fair share'... Kort sagt afskaffe fattigdommen i verden.
- Finde ud af, hvad der motiverer nogle mennesker til at skrabe rigdomme sammen. Rigdomme så store at de aldrig selv vil kunne bruge dem. Det, at de ikke vil dele deres rigdomme med andre, er en væsentlig faktor i skabelsen af elendighed i verden. Og finde ud af, hvorledes man effektivt kan eliminere sådanne asociale menneskers indflydelse på verden.

Ved at løse ovenstående vil man kunne skabe en civilisation, der ikke går til grunde, og som kan danne rammen om en menneskehed, der lever i fred. Hvis man ikke løser ovenstående, vil verden blive ved med at bestå af civilisationer, der starter med det kaos, der følger efter sammenbruddet af den tidligere civilisation – kampen for overlevelse af de få, der klarede sig igennem – genopdagelse af industri og teknik – kampe om magten – genopdagelse af et demokrati, der ikke er demokratisk – genopfindelse af religioners tyranni, fordummelse, falske guder og had til anderledes troende, indtil man står, hvor vi står i dag; på vej ind i en ny, negativ spiral.

INTEGRATION

Som samfund har de europæiske lande toppet. Deres kolonier er blevet selvstændige nationer, og den ladhed og 'selvfedhed', som ramte tidligere tiders imperier, har også gjort sit indtog her. Man har troet, at man kunne tillade sig at tage indvandringen af folk fra andre kulturer afslappet i en naiv tro på, at disse indvandrere og deres fremmede kultur ville smelte ind i de europæiske kulturer.

Nu viser det sig så, at det ingenlunde er tilfældet.

De tiltag, der har været gjort for at integrere folk fra fremmede kulturer, har været naive, og den ventede sammensmeltning har ikke fundet sted.

Europæerne har tænkt, at de fremmede ville tænke, som de selv tænker: at når man rejser ud i verden, 'stikker man lige en finger i jorden', finder ud af hvordan man gør der og forsøger at indpasse sig så godt som muligt.

Det, man ikke havde gjort sig klart, er, at når en kultur som den islamiske 'flytter tropper' ind i et nyt område, så er det en flytning af en kultur, der bygger på værdier, som de europæiske kulturer for længst har lagt bag sig. Netop fordi det er sådan, er der et stærkt netværk af kræfter, der rejser med for at sikre sammenholdet iblandt dem, der flytter ind, og sikre kontrol med deres værdisæt.

De europæiske samfund bygger på kristne værdier - det er udgangspunktet for de statslige kirker og den lovgivning, der er fundamentet under alt, hvad der foregår. Samtidig oplever man i mange europæiske lande, at borgerne 'falder fra' i forhold til religionen. Flere og flere bliver ateister.

Når man får en indvandring af folk fra en kultur, der ikke 'stikker en finger i jorden' - ikke integrerer sig og stædigt fastholder værdisæt, som af europæerne betragtes som middelalderlige, begynder et voksende problem at melde sig.

Tilflytterne betragter det som racisme, at europæerne ikke giver deres traditioner opmærksomhed og respekt. De gør selv meget lidt eller ingenting for at lære de europæiske kulturer at kende. Europæernes 'selvfedhed' gør dem berøringsangste i forhold til de nyankomne. Man vil gå meget langt for at undgå at blive betegnet som racist. Man stiller ikke krav til de nyankomne, man kræver ikke, at de lærer sproget i deres nye land, man lader dem bo mange sammen i områder, hvor den oprindelige befolkning helst ikke vil bo. Man gør alting forkert, blot fordi man er handlingslammet og lider af berøringsangst.

I dag bor der så 300.000 muslimer i et land som Danmark.

Deres imamer (præster) er blevet afsløret på dansk TV, hvor de har givet udtryk for et værdisæt, som i bedste fald må betegnes som middelalderligt og asocialt. Disse imamers indflydelse på deres trosfæller kan ikke sammenlignes med danske præsters indflydelse på deres kristne trosfæller.

En imams indflydelse er meget, meget større.

Da alt inden for den muslimske tro bygger på religionens ord, har imamerne indflydelse på mange ting, som de reelt ingen forstand har på. For eksempel prædiker de om mandens overlegenhed over kvinden - noget som i europæiske lande intet har med religion at gøre, men som handler om ligestilling imellem kønnene, byggende på sin helt egen lovgivning.

Måske er der i dette en forklaring på, hvorfor mange islamiske lande er så teknologisk tilbagestående. Når man lader afklaring af alle forhold i et samfund bygge på en religion, hvis imamer kun er 'lærde' inden for religionen og ikke har nogen form for uddannelse inden for andet end den - og alt bygger på religiøse skrifter, der er 2.000 år gamle - må man nødvendigvis ende med at være tilbagestående i en verden, hvor den teknologiske udvikling er krumtappen i al udvikling.

Udgangspunktet, set fra de europæiske kulturers side, er, at politikerne har fejlet - fuldt, helt og aldeles.

De politikere, der får løn og pension for at styre deres landes udvikling, har fejlet så eklatant, at det nu truer deres samfunds fremtid. De burde have været på forkant, de burde have set, hvad det var, de indlod sig på, da de tog så mange fra en væsentligt anderledes kultur ind og gav dem stemmeret.

Lad det være sagt: Det er hævet over enhver tvivl, at den tolerance, en muslimsk borger møder i et demokratisk, vestligt, kristent land, er enormt meget større end den tolerance, en kristen borger ville møde i et muslimsk land, hvis man som kristen valgte at flytte dertil. I mange muslimske lande bliver de kristne mindretal forfulgt netop på grund af deres kristne tro. Tolerancen fra islam over for andre religioner er mildt sagt meget lille. En kristen bliver i koranen betegnet som vantro, noget mange muslimer, der bor og lever i Danmark, også kalder deres kristne, danske medborgere.

Det er - og skal også være - krænkende for en dansk, kristen borger at blive betegnet som vantro i sit eget land. Et land, hvor den tilflyttede muslim nyder godt af danske forfædres kamp for at skabe demokrati, ligeret mellem kønnene og religionsfrihed.

At kalde en dansker i hans eller hendes eget land for vantro er for mig at se racisme. Og racisme er, i henhold til dansk lovgivning, strafbart.

I lande som Danmark og Sverige bliver de muslimske moskeer støttet økonomisk af staten netop med baggrund i, at der er religionsfrihed. Det samme gør sig ikke gældende for kristne kirker i muslimske lande.

Dette nævnt, fordi man skal være opmærksom på, at udgangspunktet for debatten om tolerance imellem religionerne sjældent bliver omtalt, selv om det er et grundlæggende element i forståelse eller manglende forståelse religionerne imellem.

Meget tyder på, at mange unge muslimer, som er vokset op i Danmark, gerne vil integrere sig bedre i samfundet, end deres forældre har formået at gøre. Det er en positiv udvikling. Hvis den holder, vil det forbedre statistikkerne ift. integration.

Det er en byrde for et samfund at skulle belastes af en stor befolkningsgruppe, der for størstedelens vedkommende lever af offentlige ydelser. Ydelser, kan man nævne, som de aldrig ville have fået i det muslimske land, de forlod. Man kan også sige, at den taknemmelighed, der fra disse muslimers side er over for de danskere, der betaler for deres livsfornødenheder og underhold, kan ligge på et meget lille sted. Igen er henvisningen til, at danskerne er vantro et reelt problem.

Berøringsangsten rører til stadighed på sig. Den danske TV-kanal TV2 har i marts 2016 vist en serie optagelser, hvor to muslimer med skjult kamera har afdækket, hvad der foregår i de toneangivende muslimske moskeer i Danmark. Imamerne blev filmet, imens de gav udtryk for, at man gerne måtte slå børn som et led i at tvinge dem til at lære Koranen udenad. Dette strider direkte imod den danske straffelov, iht. hvilken man er hjemfalden til straf, hvis man slår børn. I TV-udsendelsen blev det betegnet som 'på kant' med dansk lovgivning - selvom det tydeligt er en overtrædelse af dansk lov. Man ryster stadig på hånden af skræk for at blive betegnet som racist.

I et andet indslag talte en imam varmt for at 'stene utro kvinder til døde' - hvilket iht. dansk lovgivning er at opfordre til at slå ihjel, noget som er forbudt i Danmark. Dette burde også medføre en omgående tiltale iht. straffeloven.

En imam meddelte en muslimsk kvinde, at hun havde pligt til at have samleje med sin mand - også selvom hun havde sagt, at hun ikke havde lyst og gerne ville skilles. Imamen sagde tydeligt, at det er mandens ret at have sex med sin kone. Efter dansk lov bliver det betragtet som voldtægt, hvis en mand tvinger en kvinde til sex, også selvom de er gift.

I flere forskellige indslag erklærede flere imamer uafhængigt af hinanden, at en mand havde ret til at tage op til 4 koner - og at hans første kone ikke havde andet valg end at acceptere dette, fordi det var sharialovens ord fra den hellige koran. Da flerkoneri er forbudt i Danmark, er det en klar overtrædelse af straffeloven at ville påvirke sin menighed til at bryde dansk lov ved at informere på denne måde.

En imam gav sågar en opskrift på, hvorledes man kunne snyde bistandssystemet i Danmark for at opnå det størst mulige økonomiske bidrag. I opskriften indgik, at man skulle afgive urigtige oplysninger og bevidst lyve for at opnå den største gevinst.

Andre imamer udtrykte klart og tydeligt, at en kvinde ikke måtte tage et arbejde uden sin mands godkendelse - ligesom en muslimsk kvinde ikke måtte tage et arbejde, hvor hun skulle arbejde sammen med mænd. Dette er i direkte strid med ligestillingsloven, hvor kønnene er ligestillede i relation til retten til at tage et arbejde.

Ovenstående viser meget tydeligt, at den muslimske kirke i Danmark opererer med sin egen lovgivning, Sharialoven, som den sætter højere end dansk lovgivning. Det viser meget klart, at kirkens ønske om integration i det danske samfund er ikke eksisterende.

Man er, som frit, demokratisk samfund nødt til at skride ind over for denne form for manipulation, hvis man oprigtigt ønsker, at en kultur skal integreres i en anden. Det må og skal være tilflytterne, der integrerer sig i det eksisterende samfund og ikke omvendt.

Mange muslimer i Danmark svarer på reaktionerne omkring udsendelserne i tv, at man skal 'stoppe heksejagten på muslimer'.

Det er en meget typisk måde at reagere på, når man ikke ved, hvad man ellers skal sige. Sagen er, at nogle af de religiøse kræfter, der styrer store grupper af muslimer, ikke er indstillet på, at der skal finde nogen integration sted - og bruger deres indflydelse på at forhindre dem, der gerne vil integrationen, i at blive integreret. Hvis man ikke har lov til at reagere hårdt over for det, hvad har man så snart lov til...?

Endelig er der jo det faktum, at muslimer udgør 19% af de indsatte i danske fængsler, selvom de kun udgør 4,2% af befolkningen. I England udgør muslimske indsatte 12,6% ift. at muslimer udgør 3% af befolkningen. Hollands og Belgiens tal er på niveau med tallene for Danmark, hvorimod tallene fra Frankrig viser, at muslimer udgør 60% af de fængslede ift. en andel af befolkningen på 12%.

Der er en klar tendens i disse tal, og det må være rimeligt at diskutere sådanne størrelser og deres sammenhænge, uden at skulle blive beskyldt for 'heksejagt på muslimer'. Det er jo immervæk muslimerne, som har bedt om at måtte leve i disse lande og kvitterer for venligheden med tallene fra fængselsstatistikkerne.

Personligt tror jeg ikke på, at man kan integrere en religion som islam i kristne, buddhistiske eller hinduistiske samfund. Islam er en 'forstenet' religion, som bevidst modarbejder nytænkning og forandring - fastholder et middelalderligt syn på kønsroller og familiestrukturer og har en hadsk tilgang til alle, der ikke er enige i dens udlægning af den sande vej til Gud. Den intolerance, som islam står for berettiger til, at man forholder sig kritisk til islam.

U-LANDE

U-lande – Udviklingslande (af mange betragtet som 'underudviklede lande') - bare betegnelsen viser vores grænseløse naivitet i fuldt flor. For den afslører fuldstændigt, hvordan de teknologisk højest udviklede og mest velhavende lande opfatter resten af verden. Nøglen er, at alt måles i økonomi. Har man penge (et højt BNP), er man noget - har man ingen penge (et lavt BNP), er man ikke værd at regne for noget, og så er man 'udviklingsland'.

Der er en klar og tydelig nedladende holdning i at betegne lande som udviklingslande. Det tangerer racisme...

Man kan også vælge denne synsvinkel:

De lande, som i en teknologisk målestok er højest udviklede, er de lande, der rager til sig, skævvrider verdens økonomi, udbytter alle de fattige lande og fylder verden med affald og forurening, der ødelægger klimaet. De er i virkeligheden dem, der har sendt menneskeheden på katastrofekurs.

Men de folk, der har en (økonomisk set) mindre ambitiøs tilgang til livet - og som for en stor dels vedkommende lever i en bedre balance med naturen - er dem, vi kalder for udviklingslande.

Her er en lille anekdote:

En ældre sort mand i Afrika sad med ryggen lænet op ad et træ og kiggede ud over floden.

En velhavende turist med kamera på maven, i shorts og T-shirt, stillede sig ved siden af ham og talte til ham.

'Jeg kan se, at du har pløjet lidt af marken,' sagde han til den ældre mand, der nikkede bekræftende.

'Jeg har pløjet det, jeg har brug for,' svarede han.

'Hvis du nu pløjede 4 gange så meget, så kunne du få overskud til at sælge,' sagde turisten.

Den ældre nikkede igen. 'Joh, og hvad så'? spurgte han.

'Næste år kunne du så pløje 8 gange så meget og have endnu mere at sælge af,' fortsatte turisten.

'Tjah,' sagde den ældre, 'det kunne jeg måske...'

Turisten blev ivrig. 'Jamen, kan du da ikke se det? Året efter kunne du pløje 16 gange så meget og ansætte folk til at hjælpe dig.'

'Ja, men hvorfor skulle jeg det?' spurgte den ældre.

'Så kunne du få råd til at købe en traktor og hyre en mand til at køre den for dig,' sagde turisten.

'Joh, men...' begyndte den ældre.

Turisten kiggede hovedrystende på ham og afbrød ham. 'Så kunne du sidde her og kigge ud over floden, imens alt dit korn bare groede og groede...'

Den gamle kiggede op på ham og smilede. 'Jamen, det gør jeg jo allerede.'

Den beskriver på sin egen stille måde en stor forskel på to kulturer. Den hvide mands kultur, hvor der er fuldt fokus på produktion, optimering og økonomi - og den afrikanske mands kultur, der handler om at leve og nyde at leve. Han gør det, han har brug for at gøre - og nyder livet.

Problemet med det, den ældre mand står for, er selvfølgelig, at han skal forsøge at overleve i en verden, hvor det er turistens regler der gælder.

For penge er magt - og den, der har magten, fastlægger spillereglerne.

Når nu selv videnskaben slår fast, at vores - menneskenes verden - er på vej ud imod afgrunden, og at det er os selv, der har skabt de skævheder, der truer vores egen eksistens - kunne det måske være en idé at revurdere vores syn på værdierne i og opdelingen af verden. Måske kunne man med fordel antage nye værdier og forkaste nogle af de gamle værdier – forstå, at det er det, der skal til, for at vi kan overleve?

Hvor længe kan man udsætte det? Imens vi tænker over det, fortsætter udbytningen af U-landene. Og afgrunden kommer hurtigt nærmere og nærmere...

FLYGTNINGE – BALANCE – UBALANCE

Det er næppe en hemmelighed for nogen, at flygtningedebatten er 'bredspektret'. Debatten indeholder alle holdninger lige fra de mest naive, omklamrende, der påberåber sig at være næstekærlige - til de mest hadefulde, menneskefjendske og voldelige. Men det er med den debat ligesom med 'Likes' på facebook. Det koster ikke noget at 'Like' nogen eller noget på FB, og mange har erstattet det at tage stilling og forholde sig til tingene med at klikke på 'Like' - og så selv mene, at man har gjort noget betydningsfuldt.

Man kan demonstrere sit uovertrufne personlige format og overskud igennem flygtningedebatten, og mange benytter da også lejligheden til at gøre sig kendt på den konto. Kun de færreste af dem har inviteret flygtninge til at bo i deres eget hjem, selv om man via deres indlæg skulle tro, at det ville være deres næste skridt. Der er jo trods alt grænser for, hvor langt man vil gå, selv når man er så fuld af kærlighed og overskud.

Man skal være mere end almindeligt kynisk for ikke at mene, at man skal hjælpe mennesker, der flygter fra krig. Især hvis de har børn. Har man selv børn, kan man instinktivt forstå bare en lille del af, hvad disse flygtninge må føle.

Men der er en række tanker, man med rimelighed kan gøre sig, før man beslutter, hvor man selv står i den debat.

- Man kan forholde sig til, om det land, man selv lever i, og som har deltaget i den krig, som flygtningene forsøger at flygte fra, har gjort det rigtige i at deltage i den krig. For bomber man et andet land, er man med til at skabe strømme af flygtninge, der forsøger at undslippe de bomber, man selv smider over dem. Det er tilfældet i f.eks. Frankrig og Danmark.
- Det samme gælder for de lande, som 'nøjes' med at producere våben, der bliver brugt i krigen. Selv om man ikke selv er deltager, er de våben, man sælger (ofte til begge

sider) med til at skabe de flygtningestrømme, man siden rammes af. Det er tilfældet i f.eks. Sverige.

- Man kan også forholde sig til, om ikke det ville være bedre for alle parter, om man bistod et lands befolkning i at skaffe en ond diktator, ond militærjunta eller tilsvarende af vejen - for derefter at hjælpe dem med at opbygge et demokrati i det land, de kommer fra. Så undgik man strømmene af flygtninge, som kan være en meget farlig faktor i det internationale spil.

Man skal ikke være blind for, at store strømme af flygtninge kan være en 'skakbrik' i det store, internationale, politiske spil. Det er en kynisk måde at misbruge mennesker på, men verden er kynisk og styres af kyniske mennesker. De kaldes politikere...

Det spil, der i 2015 og 2016 udspiller sig i krigen om Syrien, er et kynisk spil.

Et land som Saudi Arabien, som har både økonomien til og muligheden for at stille faciliteter til rådighed for mere end 1 million flygtninge fra Syrien, har meldt hus forbi. På trods af at de også er muslimer ligesom flygtningene fra Syrien, har de ikke ønsket at udsætte sig for at tage dem til sig. Det er så langt broderskabet rækker i den del af den muslimske verden.

Andre kan have en interesse i, at flygtningene søger imod Europa. For Europa er en magtfaktor i verden. En (stadig) økonomisk stærk magtfaktor. Mange lande kan have en både økonomisk og kulturel interesse i at destabilisere Europa. Og disse lande udnytter det faktum, at europæere lider af en enorm 'berøringsangst' i forholdet til flygtningene. For man bør jo tage dem ind og beskytte dem - men mange bryder sig ikke (uofficielt) om at gøre det. Selv om det er noget, man forbigår i tavshed, er det en kendsgerning, at integrationen af muslimer i Europa mildt sagt ikke har været nogen succes.

I mange europæiske lande har man i forvejen problemer med et stigende antal fattige medborgere, et stigende antal pensionister, et stigende antal hjemløse og en stigende ulighed imellem rige og fattige i de enkelte samfund. Når flygtningene så kommer til i stort tal, revner illusionen om, at det går godt. Berøringsangsten i forholdet til flygtningene gør ofte, at man behandler flygtninge bedre end 'sine egne fattige', hvilket kan blive en bombe under demokratierne i de europæiske stater.

Sideløbende med at flygtningene strømmer til, vælter et stort antal 'bekvemmelighedsflygtninge' ind over grænserne. Det er de mest kyniske fra den 3. verden, som ser deres snit til, i ly af flygtningestrømmene, at 'snyde sig ind' ved at påstå, at de flygter fra krig. De kommer typisk fra Tunesien eller Marokko - lande hvor der ikke er krig.

Igen gør angsten for at blive kaldt racist, at man ikke sender dem hjem med det samme, men vælger at behandle deres sager om asyl på samme måde, som man behandler de 'rigtige' flygtninges sager. Det medfører, at alle sagsbehandlingstider bliver trukket i langdrag, noget der giver stor utilfredshed hos alle.

Endelig er der det faktum, at langt de fleste flygtninge er unge mænd i alderen 17 - 30 år. Mænd i et antal, der overstiger antallet af ansatte i militæret i mange af de lande, de kommer til. Mænd, der kommer fra lande med krig, mænd med en religion, der betegner mennesker med en anden tro end deres egen som vantro. Hvad dette rent faktisk kommer til at betyde, vil fremtiden vise, men det er tankevækkende, uanset hvordan man vurderer det.

Det er for de fleste noget, der vækker medfølelse at se flygtninge med børn komme i land fra små både på Middelhavet. Det bør det også være.

Men man skal gøre sig klart, at der er mange lag at afdække - og at ikke alle de hensigter, der kan være en del af det samlede billede, er lige til at få øje på...

KONSPIRATIONSTEORIER

Der er ikke noget, der som konspirationsteorier kan fremkalde løftede øjenbryn, skæve smil, rysten på hovedet og hånlige bemærkninger. Det er noget af det som folk, der undersøger ting og forholder sig kritisk til officielle forklaringer, kan nikke genkendende til.

Og det er da også nemmest at antage den holdning og grine af de få ildsjæle, der sætter deres renommé på spil, for de er klart i undertal og dermed nemme at pege fingre ad. Når man peger fingre ad dem, er man jo en blandt langt de fleste, og det giver en vis tryghed, at man ikke skiller sig ud. Så ja, det er langt det nemmeste.

Nogle konspirationsteorier lider da også under, at de, der interesserer sig for dem, er fantaster, mennesker, der har en livlig fantasi, og dér finder noget at gå op i. Men der er forskel på konspirationsteorier.

Man skal gøre sig klart, at et af de gode våben, man som menneske har, når man skal vurdere om en konspirationsteori kunne indeholde et gran af sandhed eller hele sandheden, er ens egen sunde fornuft.

Man kan jo starte med at betragte verden i al dens skønhed og al dens rædsel og spørge sig selv om man tror på, at de officielle nyhedskanaler, regeringer og magtfulde mennesker er sådan indrettet, at de altid siger sandheden - hele sandheden og intet andet end sandheden? - sådan som amerikanerne ynder at udtrykke det.

Nej vel? Man må nok erkende, at det ikke er tilfældet. Det er der vel nok i størrelsesordenen en milliard beviser på, bare i den tid du, jeg og vores forældre har levet. Så vi må erkende, at vi er omgivet af en vis portion løgne og bedrag, blandet ind i de sandheder som jo også findes.

Man kan groft sagt opdele folkene bag konspirationsteorierne i 5 grupper:

- Den mest oplagte er selvfølgelig dem, der rent faktisk har fat i noget, men har svært ved at bevise, at de har ret.

- Den anden gruppe er dem, der måske nok har fat i noget, men blander det sammen med noget, der ikke hører til der og derfor selv er med til at gøre det, de siger, utroværdigt – selvom det måske ville være rigtigt, hvis det var blevet præsenteret på en mere velunderbygget måde.

- Den tredje gruppe er 'debunkerne'. Det er folk, som for eksempel i forbindelse med 9/11, er betalt af nogle af dem, der gerne vil skjule sandheden. Debunkerne bruger deres tid og energi på at sabotere argumenterne i forsøg på at få dem, der seriøst arbejder på at afsløre sandheden, til at fremstå som utroværdige. Dem er der en del af, når man taler om 9/11, eller mordet på John F. Kennedy.

- Den fjerde gruppe er dem, der 'debunker' dele af en konspirationsteori, fordi de mener, at en del af det materiale, der indgår i vurderingen af en konspirationsteori, er forkert. De siger ikke, at selve teorien er forkert, men siger, at noget af det materiale, der indgår, ikke passer. Det gør sig for eksempel gældende, når man taler om 'Chemtrails'.

- Den femte gruppe er 'fantasterne'. Folk, der 'ser spøgelser alle vegne' og får alt muligt til at fremstå som konspirationsteorier. Sidstnævnte er i høj grad med til at give konspirationsteoretikere et dårligt ry, fordi de giver debunkerne anledning til at latterliggøre dem alle sammen uden smålig skelen til, hvad der er rigtigt, og hvad der ikke er det.

Det, man skal gøre sig klart, er, at det ofte er de små detaljer der er afgørende for, om noget er reelt eller ikke. Når man opdager, at der i støvet fra World Trade Center findes spor af sprængstoffet 'Nanotermite' – et militært udviklet sprængstof, så er der tale om en detalje, der er vigtig. For er der spor af dette materiale, så er der ikke tale om en tilfældighed, så er der tale om, at 'nogen' har brugt dette sprængstof. En sådan detalje har afgørende tyngde i argumentationen vedrørende alt, hvad der skete den 11. september 2001. Og, kunne jeg tilføje, der er flere hundrede sådanne 'detaljer', når man taler om 9/11.

Lad os se på nogle af de konspirationsteorier, som jeg mener er andet og mere end bare teorier:

Den amerikanske månelanding:
Russerne var de første til at sende en rumkapsel bemandet med et menneske ud i rummet. Det, vi taler om her, er ikke det store verdensrum imellem stjernerne og galakserne. Vi taler om 'det nære rum' - et tyndt lag i nærheden af Jorden. De gjorde det den 12. april 1961, hvor de sendte deres kosmonaut Jurij Aleksejevitj Gagarin op i Vostok 1.

Hele verden måbede, og amerikanerne gik i panik, fordi de følte, at der her var et kapløb, som de pludselig stod til at tabe. Men de vidste også, at den, der beherskede rummet omkring Jorden, var den, der nemmest fik adgang til informationer om alle de andre civilisationer på Jorden. Så den daværende amerikanske præsident John F. Kennedy proklamerede, at nu ville amerikanerne gå i arbejdstøjet og blive de første mennesker, der landede på månen. Og fordi amerikanerne er så dygtige, driftige, idérige og velhavende - så endte det også med at blive en realitet. Det skete, da rumkapslen fra Apollo 11 landede på månen den 20. juli 1969 med de to astronauter Neil Armstrong og Buzz Aldrin om bord. Tillad mig at tilføje: så vidt man ved...

Nu skal man huske, at i 1969 var verden helt anderledes, end den er i dag. Så det, man kan tillade sig at tænke, er: Er det sandsynligt, at USA satte to astronauter ned på månen i 1969?

Dengang i 1969 havde man:

- Ingen dykkerdragter, der kunne holde tæt til mere end 10 meters dybde...
- Stadig propelfly til transport af flypassagerer i 95% af verdens passagertrafik i luften. De få jetfly var primært flyet Caravelle, som blev lanceret i 1958. I 1973, dvs. tre år efter at amerikanerne påstod, at de landede på månen, havde man produceret i alt 282 fly af denne type til hele verden...
- *Ingen anden beskyttelse af menneskekroppen imod radioaktiv stråling end bly...*
- Ingen højteknologiske fibermaterialer til rumdragter, tætningslister osv.
- Det eneste materiale, man havde til brandisolering, var asbest...

En meget interessant og væsentlig detalje så dagens lys i begyndelsen af efteråret 2015:

En forsker fra NASA offentliggjorde, at amerikanerne nu arbejdede med en helt ny type af rumkapsel, der skulle testes ved at flyve den ud igennem Van Allen Bælterne. Den første opsendelse skulle dog være ubemandet, da man endnu ikke vidste, om man var i stand til at lave en rumkapsel, der kunne beskytte astronauterne tilstrækkeligt imod den massive radioaktive stråling, der er i Van Allen Bælterne.

Forklaring: Van Allen Bælterne er nogle magnetiske lag der ligger omkring Jorden og blandt andet beskytter Jorden imod 'Solar Flare' fra vores sol. Uden disse lag ville vi aldrig have eksisteret. Men Van Allen Bælterne er stærkt radioaktive.

Sagen er nu pludselig, at man kan spørge: Hvordan kom astronauterne så igennem Van Allen Bælterne i 1969, da deres Apollo 11 rumskib i henhold til historiebøgerne fløj igennem disse lag på deres vej både til og fra månen?

Det er der der ikke nogen officiel forklaring på. Til gengæld er der en uofficiel forklaring – nemlig, at amerikanerne aldrig nogen sinde har haft mennesker i nærheden af månen.

Som tidligere nævnt under afsnittet om 'Almindelige menne-sker' er der ikke mange i den store, ligegladede hob af alminde-lige mennesker, der har udvist nogen som helst bekymring over at være blevet fyldt med informationer om amerikanernes måne-landing i 1969 – som højst tænkeligt ikke er sande...

Og så spørger man, om jeg ikke tror på, at amerikanerne landsatte folk på månen?

Jeg er nødt til at svare, at jeg ikke i min vildeste fantasi kan forestille mig, at amerikanerne nogensinde har haft en astronaut bare i nærheden af månen. Specielt ikke nu, hvor Nasa eksperi-menterer med at få astronauter levende ud igennem Van Allen Bælterne...

Min konklusion på alt dette er, at du ikke behøver at være flov over at udtrykke din egen skepsis overfor, om amerikanerne no-gensinde har været på månen. Det viser blot, at du bruger din egen sunde fornuft og dit eget selvstændige intellekt.

Vietnamkrigen:
Den officielle forklaring på, hvorfor amerikanerne gik ind i viet-namkrigen, var meget enkel:

Efter at den franske fremmedlegion blev totalt udslettet i slaget ved Dien Bien Phu af de fremrykkende, nordvietnamesiske styr-ker, blev en amerikansk destroyer angrebet af nordvietnamesiske kanonbåde i bugten ud for Vietnam.

Igennem 'Den frie Presse' fik vi besked om, at det var sket. Beskeden var fulgt af en radiooptagelse, som almindelige men-nesker kunne lytte til i deres radioer over hele verden. Man skal huske, at det var før mobiltelefonens tid, før kameraer i mobilte-lefoner, og før man kunne dele fotos via Internettet. Man stolede dengang på, hvad man hørte i radioen.

I denne forbindelse - dvs. i relation til konspirationsteorier - skal vi begrænse os til at kigge nærmere på selve anledningen til, at amerikanerne gik ind i krigen. For de havde brug for en anledning. Der var planer for en sammenlægning af Nord- og Sydvietnam, og der skulle afholdes forhandlinger vedrørende dette. Men fordi Nordvietnam var kommunistisk, og fordi kommunismen var blevet den store, nye fjende, skulle amerikanerne bruge en rigtig god grund til at invadere Sydvietnam (deres allierede) for at bekæmpe det kommunistiske Nordvietnam.

Mange år senere lå den officer, der for længe siden var kaptajn på den amerikanske destroyer i farvandet ud for Vietnam, for døden med kræft. På sygehuset indkaldte han til pressemøde, fordi han ikke selv kunne acceptere at gå i døden, uden at nogen vidste, hvad der virkelig var sket. Så han lå på sit dødsleje og orienterede den måbende presse om, at det lydspor som var blevet afspillet i alverdens radioer - hvor man bildte verdens samlede befolkning af almindelige mennesker ind, at hans skib var blevet angrebet af kanonbåde - var en løgn.

Lydsporet var indspillet i Hollywood - angrebet havde aldrig fundet sted - amerikanernes alibi for at gå ind i krigen byggede på bedrag.

Så alt i alt kunne man konstatere, at der havde været en konspiration - også selv om der aldrig havde været nogen konspirationsteori.

Mordet på præsident John F. Kennedy:
Den amerikanske præsident John F. Kennedy blev myrdet i byen Dallas i staten Texas i USA den 22. november 1963 klokken 12.30.

Han var på besøg i byen sammen med sin kone Jacqueline Kennedy.

Texas' guvernør, John Connally, sad også i bilen og blev også ramt.

Scenariet blev filmet af en forretningsejer, James Zappruder, som optog det hele på sit smalfilmkamera. Filmen er siden blevet kendt som 'Zappruder-filmen'.

Efter mordet på præsidenten nedsattes 'Warren Kommissionen' for at udrede begivenhederne og undersøge hvad der i virkeligheden skete.

Konklusionen blev, at Warren Kommissionen fremkom med flere meget diskutable 'opfindelser'. Warren Kommissionens forklaringer var ganske enkelt 'spin'.

Den ene 'opfindelse' blev kendt som 'The Magic Bullet'. Man påstod, at John F. Kennedy - på trods af at han var blevet ramt af flere skud, både forfra og bagfra, kun blev ramt én gang af et projektil, der så at sige sprang fra Kennedy til Connally og tilbage til Kennedy, hvor det så endte med at dræbe ham til sidst.

Politiet havde anholdt en mand, en kendt kommunist, i en bygning bag Kennedys bilkortege på 5. etage i et skolebogslager. Man fandt også en sniper-riffel med kikkertsigte på stedet. Man slog fast, at der kun havde været denne ene skytte og lukkede alle videre undersøgelser i sagen.

Inden man kunne nå at afhøre morderen, Lee Harvey Oswald, blev han skudt og dræbt af gangsteren Jack Ruby inde i selve politistationen, da han skulle transporteres fra politistationen til retsbygningen. Politiet skød og dræbte umiddelbart efter Jack Ruby, og alle spor endte koldt. Det var ikke længere muligt at afhøre hverken skytten eller ham, der havde dræbt ham.

Sagen blev derefter erklæret for opklaret og lukket.

John F. Kennedys kone blev så skræmt over alt det, hun oplevede, at hun giftede sig med en græsk skibsreder og milliardær, flyttede til Grækenland og holdt lav profil, indtil hun døde.

Kigger man lidt bag den officielle forklaring, er der en række ting, som må karakteriseres som enten himmelråbende tåbelige eller i det mindste meget betænkelige.

Til tåbelighederne hører forklaringen om, at Lee Harvey Oswald ene mand skød præsidenten.

Han var ikke synderligt begavet, var erklæret kommunist (i et land, der anså kommunismen som roden til alt ondt) og derfor nem at manipulere - og et oplagt offer for tilsvining på grund af sin politiske overbevisning. Desuden var han en kun middelmådig skytte.

Den riffel, han brugte, var ikke en automatriffel. Han skulle derfor tage ladegreb efter hvert skud, før han kunne skyde igen.

Mange år senere fik et nyhedsbureau lov til at foretage et eksperiment gående ud på, at man afspærrede gaden, hvor præsidenten havde kørt (og som stadig var nøjagtig den samme) - fik den soldat, som havde fået topplaceringen på det amerikanske forsvars sniper-skole det år, til at skyde - og kørte en limousine ned ad gaden med samme hastighed og med papskiver monteret, visende passagererne i bilen.

Forsøget viste, at selv denne absolut bedste sniper i USA det år kun kunne nå at affyre et skud, der ramte inden for bilens omkreds, selv om Warren Kommissionen havde påstået, at Lee Harvey Oswald havde nået at affyre tre skud.

Mange vidner havde set mundingsflammer fra en græshøj foran det sted, hvor præsidenten kørte. Dette stemmer med, at det dræbende projektil kastede præsidentens hoved bagover og sprængte det meste af kraniet i hans baghoved af.

Alle disse vidner forsøgte bagefter at gøre politiet i Dallas opmærksom på, hvad de havde både set og hørt, men politiet ønskede ikke at afhøre dem, og deres vidneudsagn blev derfor ikke registreret som en del af den samlede vurdering.

Mange af disse vidner døde efterfølgende i det, man kalder 'single-ulykker', dvs. typisk biluheld, hvor man er alene i bilen og kører ind i et vejtræ. Det fik selvfølgelig de sidste vidner til at tie stille.

Tilbage stod så Warren Kommissionen med forklaringen på, at præsidentens baghoved blev sprængt af - (hvilket er i direkte modstrid med deres påstand om, at han blev ramt bagfra) – nemlig med deres opfindelse af 'The Magic Bullet'.

Et vidne forklarede til en journalist, at han havde set gangsteren Jack Ruby (som senere skød Lee Harvey Oswald) gå op ad græshøjen med en riffeltaske i hånden, nogle minutter før præsidentens bil ankom til stedet. Dette vidne omkom i en 'single ulykke' i sin bil umiddelbart efter.

Et andet vidne forklarede offentligt, at han havde set en motorcykelbetjent holde på gaden foran præsidentens bilkortege med front imod kortegen, da der kom en røgsky fra et kloakdæksel under motorcyklen. Da præsidenten var skudt, kørte denne politibetjent sin vej og forsvandt i al forvirringen, der opstod efter mordet. Dette vidne forsvandt sporløst...

Da det kom frem, at præsidenten og guvernøren var ramt i alt 7 gange, begyndte det at blive svært at overbevise nogen om, at der kun var tale om et enkelt projektil. Men Warren Kommissionen indkaldte en række eksperter, der forklarede, at det sagtens kunne være sådan, at det var et enkelt projektil, som havde ramt de to ofre syv gange og derefter blev fundet i bilen i næsten intakt tilstand.

Det ovenstående er det, der i forbindelse med mordet på præsident Kennedy umiddelbart er til at få øje på. Selvfølgelig har intelligente mennesker svært ved at kapere omstændigheder som, når man ser dem samlet, er så iøjnefaldende i modstrid med al sund fornuft.

Forsvarerne af Warren Kommissionen affærdiger det som spekulationer og konspirationsteorier.

Men først nu kommer vi til det, der er bag facaden - set i det føromtalte helikopterperspektiv:

Præsident Kennedy var en levemand. Han plejede omgang med kendte gangstere, fordi han elskede at leve omgivet af smukke kvinder og deltage i store fester. Det var der en del højt profilerede militærfolk, der var bekymrede over. Han havde blandt andet et erotisk forhold til skuespillerinden Marilyn Monroe.

Men bag alt dette som sladderpressen svælgede i, var han en meget farlig mand for nogle...

- Han arbejdede på at indgå en fredsaftale med Nordvietnam og trække de amerikanske soldater hjem fra Vietnamkrigen. Det var en torn i øjet på det amerikanske 'militære industrielle kompleks' - dvs. de største firmaer i den amerikanske rustningsindustri og den øverste ledelse i det amerikanske forsvar.

- Han ønskede også at opsige aftalen med 'Federal Reserve', den amerikanske nationalbank, som, til manges store forbløffelse, var ejet af et privat firma og ikke af den amerikanske stat. Det var en torn i øjet på de mennesker, der sad på de største formuer i verden, og som tjente mange penge på at eje The Federal Reserve. Iblandt dem var de mest prominente chefer for bankerne på Wall Street.

Når man kender til de to sidstnævnte faktorer, så ved man pludselig, at præsident Kennedy - på trods af at han må have vidst, at det kunne blive farligt - havde modet til at lægge sig ud med de to største magtfaktorer i både USA og i verden i det hele taget.

Det forholder sig nemlig sådan, at de få amerikanske præsidenter, der har forsøgt at få staten til at overtage Federal Reserve, alle er blevet myrdet i løbet af deres embedsperiode.

Til dem, der stadig fastholder, at mordet på præsident John F. Kennedy kun handlede om én sindsforvirret og politisk afvigende mands gale handling, vil jeg sige:

Se på sammenhængene - se på faktorerne - brug din sunde fornuft og dit intellekt - og sig mig så, om du stadig tror på den officielle forklaring?

Mordet på Robert Kennedy:
Robert Kennedy var lillebror til Præsident John F. Kennedy. Han deltog i sin storebrors præsidentkampagne. Da John F. Kennedy var taget i ed som USA's præsident, udnævnte han Robert Kennedy til justitsminister. De to brødre havde et stærkt makkerskab og stolede fuldstændig på hinanden.

Efter mordet på sin storebror fortsatte Robert Kennedy som justitsminister under præsident Lyndon B. Johnson, der efterfulgte John F. Kennedy.

I det efterfølgende præsidentvalg i 1968 stillede Robert Kennedy op som kandidat. Han vandt primærvalget i Californien meget overbevisende og kunne regne med at blive Demokraternes kandidat til selve præsidentvalget. I den anledning holdt han en takketale på et hotel i Los Angeles. Efter talen blev han af sine vagter eskorteret ud fra hotellet igennem kælderen. Her blev han og hans følge passet op af en palæstinensisk indvandrer ved navn Sirhan Sirhan. Sirhan skød ifølge den officielle forklaring Robert Kennedy med fire skud. Han døde af sine alvorlige læsioner 26 timer senere.

I henhold til Wikipedia, som mange anvender, når de skal søge oplysninger, står der stadig følgende tekst:

'Efter sin sejr i det californiske primærvalg holdt Kennedy tale for sine tilhængere på et hotel i statens største by Los Angeles. På vej ud af hotellet blev Kennedy skudt fire gange på nært hold af den palæstinensiske indvandrer Sirhan Sirhan.'

Men den opmærksomme 'konspirationsteoretiker' vil hertil bemærke, at det er usandt, og at det nu kan dokumenteres.

Siden mordet på Robert Kennedy i 1968 har alle tekniske beviser og oplysninger – ud over den officielle forklaring – været hemmeligholdt. Men nu mere end 40 år senere er disse oplysninger så endelig blevet frigivet.

Det fremgår, at Sirhan Sirhan var bevæbnet med en 8-skuds tromlerevolver. Han nærmede sig Robert Kennedy forfra og forsøgte at skyde ham på nært hold i et menneskefyldt kælderlokale.

Af FBI's dokumenter fremgår det, at Sirhan traf Kennedy med to ikke-dødelige skud, det ene i skulderen. De øvrige skud fra Sirhans revolver gik direkte op i loftet, idet en af Kennedys vagter tvang hans arm op i luften, efter at han var begyndt at skyde. Men det mest uhyggelige er, at der var ti skud, der havde ramt loftet, hvoraf kun de seks var fra Sirhans revolver. På trods af at

Sirhan stod foran Robert Kennedy, blev Kennedy dræbt af et skud, der gik op igennem hans nakke bagfra. Det var med andre ord en af Kennedys egne vagter, der koldblodigt dræbte ham i al forvirringen og postyret.

Når man læser dette, går det op for én, at Sirhans rolle blot var at skabe tumulter – andre sørgede for, at Kennedy blev dræbt.

Man kan undre sig over, hvorfor sådanne oplysninger har været hemmeligholdt i over 40 år, når man nu påstår, at USA er et retssamfund med frie valg og så videre.

Det, man som borger i et sådant land skal lære at acceptere eller mande sig op og kæmpe imod, er, at der reelt ikke er nogen grænse for de løgne, bedrag, spin og forbrydelser, som magteliten tager i anvendelse for at opnå deres mål. Jo før man indser det – i stedet for at trække på smilebåndet af konspirationsteoretikerne – jo før kan man få de skyldige dømt og sat fast.

Det, man nu kan se, er, at kun de færreste er klar over, at disse oplysninger fra FBI er blevet offentliggjort. Ingen af de store medier har belemret deres seere eller læsere med dette. Og det er netop grunden til, at det har været hemmeligstemplet så længe...

Men hvorfor skulle man så myrde også den anden af Kennedy-brødrene?

Det er der i sagens natur ikke noget svar på i FBI's dokumenter. Men der er nogle stærke formodninger, som man kan bruge som en mulig forklaring. Det kan tilføjes, at FBI's øverste chef, J. Edgar Hoover, både foragtede og hadede begge Kennedy-brødrene. Dette lagde Hoover selv ikke skjul på.

Mange, der har indsigt i den tids historie og politiske rævekager, mener, at de følgende tre ting er den egentlige årsag til, at man lod Robert Kennedy myrde:

1. Robert Kennedy lagde ikke skjul på, at han, når han var blevet præsident, ville genåbne undersøgelsen af, hvem

der myrdede hans storebror, John F. Kennedy. Dermed ville han tage låget af en hvepserede af intriger, dobbeltspil, hykleri og mord, rettet imod en demokratisk valgt leder af det amerikanske folk.

2. Han ville også arbejde på, at den amerikanske nationalbank, The Federal Reserve, skulle overgå fra at være drevet af et privat bankkonsortium til at være ejet af den amerikanske stat.

3. Endelig ville han arbejde på at afslutte Vietnamkrigen. Den samme strategi, som hans storebror havde haft. Men det var mildt sagt ikke populært hos Det Militære Industrielle Kompleks i USA. Vietnamkrigen var en kilde til ufattelig rigdom hos våbenproducenterne og de store multinationale leverandører.

Man kan sige, at Robert Kennedy i alle tre tilfælde med sikkerhed skabte sig meget magtfulde fjender. Og det vækker atter interessen for, hvem de er, de, der er så magtfulde, at de kan dræbe præsidenter og medlemmer af den amerikanske kongres og slippe godt fra det.

9/11 - World Trade Center - 11. september 2001:
Det er nok den 'konspirationsteori', du har hørt mest om. Den indtraf højst tænkeligt i løbet af dit livsforløb.

Jeg vil starte med at sige, at det ikke længere blot er en konspirationsteori, når man taler om 11. september.

Det er en konspiration. Det er længe siden, det ophørte med at være en teori.

Man er i dag, baseret på videnskabelige facts, i stand til at bevise, at den officielle forklaring på, hvad der skete er løgn.

Jeg har selv foretaget en del research om emnet i flere år og skrev og udgav så romanen 'WTC-gate' i 2015, først på dansk og senere på engelsk.

Det er en roman, den er altså fiction, en spændingsroman om man vil. Men den bygger på de enorme mængder af facts, der findes om emnet.

Jeg fik nogle af oplysningerne, jeg brugte i romanen, af den danske kemiprofessor Niels Harrit, som rejser rundt og holder foredrag i hele Danmark netop om emnet 9/11. Hvis du har mulighed for det, kan jeg anbefale dig at deltage i et af hans foredrag, det er både spændende og interessant.

Når man nu bor i et 'demokratisk retssamfund, funderet på den kristne livsholdning', skulle man jo tro, at magthaverne i USA (hvor begivenheden udspillede sig i september 2001) ville gøre alt for at finde frem til sandheden bag 9/11.

Men, men, men...

Lad mig indskyde, at mængden af materiale, der er tilgængeligt, og som fuldstændigt tilbageviser den officielle udlægning af, hvad der skete, er så enormt, at det vil være for omfattende at gå i detaljer med her.

Jeg vil derfor nøjes med at henvise til, at de nemmest tilgængelige informationer ligger på Youtube - og inden længe på en af mine hjemmesider: www.northgate.nu, hvorfra du vil kunne downloade dem som film og PDF-filer.

Du skal være opmærksom på, at 'debunkere' - dvs. mennesker, der ser det som deres kald (eller bliver betalt for) at så mistillid omkring en teori, lægger mængder af film ud, som er bevidst 'ødelagte' - for på den måde at gøre den interesserede irriteret - og derigennem at få ham/hende til at opgive at finde den rigtige film. Også derfor lægger jeg dem ud på min side 'Northgate', hvor disse 'debunkere' ikke har adgang.

- Den ene film er lavet af den amerikanske pilotforening. Den varer ca. en time og beviser, at den officielle forklaring om, at det var passagerfly, der ramte World Trade Center og Pentagon-bygningen, ikke er sand. Filmen hedder '9/11 Intercepted'.

- Den anden film med titlen 'The New Pearl Harbor' er faktisk 2 film, der handler om hele baggrunden for 9/11 - filmene varer i alt ca. 5 timer. De er værd at se, hvis du vil vide mere om, hvad der rent faktisk skete – og hvad det er i de officielle forklaringer, der ikke holder...

Mange afviser at interessere sig for denne sag. De fleste vil ikke gerne udsætte sig for at blive latterliggjort som 'konspirationsteoretikere' - andre vil helst bevare deres uskyldige verdensbillede af, at vi har det trygt og godt, og at de gode kræfter sejrer. De er endnu ikke nået til den erkendelse, at vi kun har det godt, så længe *alle* arbejder på, at vi skal have det godt. At have det godt betyder også, at man som borger både har ret til at vide, hvad der foregår – og at man kræver at vide hvad der foregår.

Chemtrails:
Et af de mest forvirrende emner indenfor konspirationsteorier handler om 'Chemtrails'. Chemtrails er de hvide streger på himlen, man kan se i perioder. De er efterladt af fly, der har passeret.

Et almindeligt spor efter et højtgående jetfly hedder et 'Contrail'. Det er vanddamp fra udstødningen der på grund af den lave temperatur (minus 30 grader C.) udenfor flyet krystalliserer og bliver til iskrystaller. De forsvinder indenfor få minutter, efter at flyet har passeret.

Det spor, som diskussionen går på, hedder 'Chemtrails' (kemiske spor) og består i nogle tilfælde af de samme iskrystaller som ovenfor nævnt tilsat forskellige kemiske stoffer. Det sker i de tilfælde, hvor de kemiske stoffer kommer ud tæt ved jetmotoren. I andre tilfælde sprøjtes stofferne ud igennem dyser monteret på flyet, typisk på vingerne. I begge tilfælde bliver chemtrailssporet hængende i luften i timer eller døgn efter, at flyet er væk.

Stofferne er typisk nanopartikler af aluminium, barium, chrom, litium eller andre, som er særdeles skadelige. Der er forskellige meninger om, hvorfor man udleder Chemtrails og om, hvem der gør det.

Debunkerne spreder tvivl om, hvorvidt det overhovedet sker, og om hvorvidt fænomenet overhovedet eksisterer. Men det eksisterer på trods af dementier fra myndigheder og latterliggørelse fra debunkerne.

Alt, hvad du selv behøver at gøre for at få vished, er at holde øje med himlen der, hvor du færdes. Ind imellem vil du opdage, at himlen er dækket af hvide streger, som er spor efter fly. Hvis de hvide streger ikke forsvinder, men langsomt spredes til en grumset dis ud over den blå himmel, kigger du på chemtrails.

Chemtrails begyndte som et videnskabeligt eksperiment. De var en af flere måder at forsøge at ændre på klimaet. Dette kaldes på engelsk for 'Geoengineering'. Nogle mente, at man ved at sprøjte f.eks. aluminiumpartikler ud over himlen kunne danne en reflektor, der skulle hindre en del af solens varmestråling i at nå ned til jorden. Man ønskede derved at opnå en mindre opvarmning fra solen som modvirkning til drivhuseffekten. Man bruger i dag nanopartikler af forskellige metaller, fordi partiklerne er så lette, at de forbliver i atmosfæren i lang tid, hvorved effekten af Chemtrails bliver større.

På et tidspunkt begyndte det amerikanske militær at interessere sig for forsøgene. Årsagerne hertil er de enkle, at hvis man kan kontrollere klimaet, kan man både gavne sit eget lokale klima eller skade andre landes klima. Klimakontrol bliver derved et våben i det stadigt eskalerende kapløb om at kontrollere kloden.

Mange universiteter i mange lande har været involveret i forskning inden for måder at modvirke klimaforandringer. Et af de universiteter, der har arbejdet med Geoengineering, er University of Oxford i England. Et andet er John Hopkins University i USA, som har arbejdet sammen med det amerikanske militær.

På Massachusetts School of Law har der været afholdt seminarer vedrørende lovligheden i, at offentligheden ikke har hverken adgang til officielle informationer om eller indflydelse på, at 'nogen' sprøjter Chemtrails ud over himlen over hele verden. For selvom det er synligt, er alle informationer om det hemmeligholdt.

I regi af FN har der været afholdt flere konferencer angående Geoengineering og herunder Chemtrails. Men på trods af at mange forskere udtrykker bekymring over det der sker, bliver det ikke hverken forsvaret, erkendt eller standset. *(bemærk, at FN næppe ville holde konferencer vedrørende chemtrails, hvis chemtrails ikke eksisterede...)*

Det er almindeligt kendt at Kina inden landets afholdelse af De Olympiske Lege i 2008 gjorde brug af Chemtrails for at forsøge at undgå, at det regnede i de områder, hvor man afholdt OL.

I militært regi kan man bruge Chemtrails til at skabe ørkener i fjendtligt territorium. På den måde svækker man sin fjende uden at løsne et skud.

Et stigende antal eksperter fra både den civile verden og fra militæret (eks-militær) gør gældende, at Chemtrails ikke blot handler om modifikationer i forbindelse med vejret. De påpeger, at de stoffer, der sprøjtes ud i atmosfæren, er absolut sundhedsskadelige for både mennesker og dyr. For eksempel påpeger førende læger over hele verden, at de aluminiumsnanopartikler, man ikke kan undgå at indånde, når Chemtrailspartiklerne når ned til jorden, kan have meget stor negativ indflydelse på menneskers sundhed. Det samme gør sig gældende med partikler af stofferne Barium og Litium. De hævder, at et metal som aluminium kan ændre menneskers psyke. Et højt indhold af aluminium i hjernen kan skabe apati og depressioner. Tegn på, at der er noget galt, er der mange af.

Det er almindeligt kendt, at bier dør over hele verden. Bier er meget følsomme overfor ændringer i miljøet. Bier skal vi bruge, fordi det er dem, der bestøver planter og får verden til at gro. Men de dør i så stort tal, at folk, der arbejder med bier, er alvorligt bekymrede. Måske skulle man begynde at spørge ind til, hvad man rent faktisk skaber af miljøkatastrofer, når man anvender Chemtrails?

Andre forskere hævder, at man ved hjælp af Chemtrails er i færd med at decimere antallet af mennesker på jorden. Det er en uhyggelig tanke. Jeg tænker uvilkårligt på, om mennesker virkelig kan være så kyniske, selvom svaret jo er ret enkelt. Ja, det kan de. Det er bevist et utal af gange. Magtfulde mennesker, der har adgang til den type af teknologi, er ikke som almindelige mennesker. De er som alle andre ledere af militære styrker eller multinationale selskaber, som f.eks. Peter Brabek fra Néstle – ham, der uden at rødme sagde, at adgangen til rent drikkevand ikke er en menneskeret, men en handelsvare.

Der er ingen grænser for, hvad magtfulde mennesker kan finde på. Det er en tanke, de fleste almindelige mennesker skal vænne sig til. Men jo før de vænner sig til, at det er sådan, jo før vil almindelige mennesker vågne op og sætte spørgsmålstegn ved alle de ting, der sker – ting som de ikke er blevet bedt om at godkende.

High Frequency Active Auroral Research Program (HAARP):
HAARP er en amerikansk opfindelse.

Der er bygget en række HAARP stationer rundt om i verden, også i Europa, blandt andet i Norge og Sverige. Der findes både beskrivelser af dem og billeder af dem på nettet og på Youtube.

Alligevel er det de færreste mennesker, der kender til eksistensen af HAARP – og hvis man drejer en selskabelig snak ind på dette emne, vil det igen medføre skæve smil, løftede øjenbryn og rysten på hovedet.

Man skal gøre sig klart, at spørgsmålet om, hvorvidt de findes, ikke er en konspirationsteori – for de findes. Man kan finde deres geografiske placeringer på nettet og tage bilen og køre ud for at se dem.

Igen er det påfaldende, at der er så meget hemmelighedskræmmeri omkring noget, som militæret påstår er udstyr til videnskabelige formål. For hvis det er anlæg, der tjener almenhedens interesser, så burde man jo netop vise dem frem og forsøge at skabe begejstring over, at man anvender enorme økonomiske midler til at forske i klimaet i stedet for at producere våben. Det er jo igen skatteyderne der betaler. Men sådan er det ikke.

HAARP er anlæg, der kan udrette 'noget' ved hjælp af mikrobølger i meget stor skala. Forskere, der er eksperter indenfor dette felt, men ikke er involveret i HAARP-projekterne, hævder, at man ved at opvarme områder i luftrummet kan skabe tyfoner, tordenvejr eller ekstrem tørke. Andre siger, at man kan fremkalde jordskælv i andre egne af verden langt fra de steder, hvor HAARP anlæggene er placeret. Endelig er der dem, der påstår, at man ved netop at bruge Chemtrails til at skabe en 'reflekterende skærm' på himlen kan sende bølgerne fra HAARP anlæggene op imod denne skærm, hvorefter bølgerne vil blive reflekteret ned på jorden et andet sted, hvor de kan skabe enorme ødelæggelser. Jeg er ikke teknisk kvalificeret til at vurdere de nøjagtige omstændigheder omkring et sådant anlæg, men jeg har læst mig til, at det fungerer som en overdimensioneret mikrobølgeovn. Og jeg spørger mig selv – hvad skal almindelige mennesker (som jo er dem, der rent faktisk betaler for det) egentlig bruge evnen til at skabe vejrkaos eller ørkener? Hvilket leder mig til følgende spørgsmål:

- Hvem har bygget HAARP stationerne?
- Hvilke myndigheder har godkendt byggeplanerne?
- Hvem har betalt for det – hvor står det i et lands officielle regnskab, at man skal bruge X-antal milliarder til det formål?
- Hvilke politikere har nogensinde omtalt HAARP stationerne eller nævnt dem i deres politiske program?
- Har man ret til at opføre sådanne anlæg, gennemføre forsøg og hemmeligholde det for borgerne i demokratiske retssamfund som i f.eks. Europa eller USA?

Det er meget kritisabelt, at man hemmeligholder forsøgene med Chemtrails og HAARP for offentligheden i alle lande i verden. Der er i dag ikke en eneste regering, der kan påberåbe sig uvidenhed om, at det sker, for alt, hvad man behøver, er at lægge

nakken tilbage og kigge på himlen, når det sker. Det, at demo-
kratiske retsstater hemmeligholder, hvad der foregår, er især eks-
tremt kritisabelt. Det betyder jo, at man også her sætter borgernes
ret til medbestemmelse ud af spillet, som man gør i så mange
andre tilfælde.

DET MILITÆRE INDUSTRIELLE KOMPLEKS – KRIGEN IMOD TERROR

'Krigen imod Terror' er en amerikansk opfindelse. Det er en idé, der er fostret i en nation, der både er en af de yngste civilisationer i verden og samtidig er en supermagt. Det er en sjælden foreteelse.

Det er også en nation, der bygger på en udtalt brug af vold, magtmisbrug og folkedrab. De hvide amerikanere dræbte 19 millioner mennesker, som udgjorde den oprindelige befolkning. Indianerne blev udryddet med midler, der ikke står tilbage for, hvad Hitlers Tyskland gjorde imod jøderne - og selv om man ikke hører meget om det, dræbte man 4 gange så mange indianere, som Hitler dræbte jøder. Man kan uden at overdrive - set fra indianernes synspunkt - kalde det regime, man havde dengang, for et terrorregime.

Samtidig med at man udryddede indianerne, indførte man millioner af slaver fra Afrika - som man også mishandlede, undertrykte og udryddede. Denne undertrykkelse fortsatte længe efter, at indianerne var udryddet. Også her handlede det om millioner af mennesker.

Trods alt dette mener amerikanerne som nation sig berettiget til at gå i krig ud over den ganske klode i det korstog, de selv kalder for 'Krigen imod Terror'.

Man kan sige, at amerikanerne bør vide alt om, hvad et terrorregime er, da de jo selv har gjort udtalt brug af det igennem mange generationer og derfor kender problemet 'indefra'.

Netop fordi den egentlige magtfaktor i USA er 'Det Militære Industrielle Kompleks', er krig en måde at få sat gang i det økonomiske opsving i USA, hvis landet er inde i en økonomisk afmatning eller en krise i det hele taget.

USA fik et økonomisk opsving, da de gik ind i 2. verdenskrig.

Inden da var USA en økonomisk skrantende nation med mange arbejdsløse og en nødlidende industri. Præsident Roosevelt

141

havde lagt den kurs at isolere amerikanerne fra resten af verden, hvilket ikke syntes at gavne nationens udvikling.

Men da japanerne angreb Pearl Harbor, fik piben en anden lyd. Oprustningen gav vind i sejlene, satte gang i industrien og gav arbejdspladser. Selv kvinderne, som tidligere havde været hjemmegående, kom ud på arbejdsmarkedet.

Dwight D. Eisenhower var amerikansk general og øverstkommanderende for de samlede styrker i Vesteuropa, da invasionen i Frankrig skulle begynde. Som bekendt lykkedes invasionen, og Tyskland blev overvundet.

Efter krigen blev Eisenhower, der var meget populær efter sejren i krigen, valgt til amerikansk præsident. Da han fratrådte nogle år senere, holdt han den 17. januar 1961 en tale, hvori han advarede om et nyt fænomen, der kunne true de frie demokratier og mennesker i verden.

Det var første gang, de fleste mennesker hørte om det nye fænomen: 'Det Militære Industrielle Kompleks'.

Men som jeg nævnte tidligere, er de fleste almindelige mennesker temmelig konfliktsky - og hans tale fik ikke nogen som helst effekt.

Det er i dag 'Det Militære Industrielle Kompleks', der styrer meget af det, der sker i verden - sammen med 'De Multinationale Selskaber'. Sidstnævnte er, for nogles vedkommende, den anden part i 'komplekset' – dem, der handler med militæret og sammen med dem styrer begivenhederne.

Når du går op for at afgive din stemme ved et valg, tror du måske, at netop din stemme har stor indflydelse på verdens eller samfundets udvikling. Men det har den ikke. Politikernes indflydelse bliver tålt, fordi det er gavnligt for 'Det Militære Industrielle Kompleks', at landes administration foregår inden for velordnede rammer. Det er der, man driver den bedste forretning - og det er der, man bedst kan overvåge og få kontrol med udviklingen i et samfund.

'Det Militære Industrielle Kompleks' er en alvorlig trussel imod ethvert demokrati i ethvert samfund i verden. For at kunne danne sig et overblik over, hvad det egentlig er, der er tale om her, kan du betragte denne illustration. Den siger noget om, hvor stor en del af det amerikanske nationale budget, der blev brugt på militæret i 2015:

	Land:	Forsvarsbudget US dollars:	Tanks:	Krigs- fly:	Krigs- skibe:	Antal personer egnet til tjeneste
1	Amerika	612.500.000.000	8.325	13.683	473	120.022.084
2	Rusland	76.600.000.000	15.500	3.082	352	46.812.553
3	Kina	126.000.000.000	9.150	2.788	520	618.588.627
4	Indien	46.000.000.000	3.569	1.785	184	489.571.520
5	England	53.600.000.000	407	908	66	24.035.131
6	Frankrig	43.000.000.000	423	1.203	120	23.747.168
7	Tyskland	45.000.000.000	408	710	82	29.538.413
8	Tyrkiet	18.190.000.000	3.657	989	115	35.005.326
9	Sydkorea	33.700.000.000	2.346	1.393	166	21.033.275
10	Japan	49.100.000.000	767	1.595	131	43.930.753
11	Israel	15.000.000.000	3.870	680	110	2.963.642
12	Italien	34.000.000.000	600	795	174	22.596.141
13	Egypten	4.400.000.000	4.767	1.100	237	35.305.381
14	Brasilien	33.140.000.000	489	748	109	83.835.650
15	Pakistan	7.000.000.000	3.124	847	74	75.326.989
16	Canada	18.000.000.000	201	404	67	13.023.141
17	Taiwan	10.730.000.000	2.005	775	102	10.025.261
18	Polen	9.360.000.000	1.063	475	83	15.583.917
19	Indonesien	6.900.000.000	374	381	197	107.538.660
20	Australien	26.100.000.000	59	395	53	8.700.000
21	Ukraine	4.880.000.000	4.112	400	25	15.686.055
22	Iran	6.300.000.000	2.409	481	395	39.566.497
23	Vietnam	3.370.000.000	3.200	413	65	41.503.949
24	Thailand	5.390.000.000	740	543	81	27.490.939
25	Saudi Arabien	56.730.000.000	1.095	652	55	13.967.609
26	Syrien	1.870.000.000	4.950	473	56	9.939.661
27	Schweiz	4.830.000.000	200	175	0	2.952.959
28	Spanien	11.600.000.000	415	531	46	18.720.867
29	Sverige	6.220.000.000	280	216	313	3.359.487
30	Tjekkiet	2.220.000.000	123	109	0	4.061.106

Under den russisk-japanske krig fra 1904-1905 dannedes de første karteller, som kunne betegnes som et egentligt militærtindustrielt kompleks. Det var aftaler indgået imellem de implicerede landes politikere og de multinationale våbenproducenter. De leverede våben til begge de stridende parter. Disse karteller gik under navnet: 'The Armament Ring'.

De forretningsmæssige interesser i udvikling af nye våben og salg af våben er enorme. Derfor har man inden for våbenindustrien en række lobbyister (spindoktorer), der til stadighed påvirker politikere igennem bestikkelse, kampagnebidrag til politikernes valgkampe eller andre former for berigelse af politikerne. Det handler om at få politikerne til at erklære krige eller bevilge statslige midler til køb af våben.

Det siger sig selv, at 'Det Militære Industrielle Kompleks' ikke har nogen interesse i, at der bliver fred i verden. Tværtimod. Det ville fuldstændig ødelægge deres forretningsgrundlag. Derfor er der et meget stort forretningsmæssigt potentiale i til stadighed at sørge for, at der blusser konflikter op overalt i verden.

Da mange landes militære styrker invaderede Irak for at fjerne Saddam Hussein, gjorde man det uden at kunne opnå et mandat fra FN.

Når man alligevel gjorde det, brugte man det påskud, at Saddam Husseins Irak havde fremstillet masseødelæggelsesvåben - kemiske krigsvåben, der var til stor fare for resten af verden.

Da det efterfølgende viste sig, at der ikke var masseødelæggelsesvåben i Irak, skulle man så tro, at de regeringsledere, der havde beordret invasionen, ville blive dømt som krigsforbrydere.

Men det blev de ikke.

De havde beordret indledningen af en krig imod en suveræn nation på baggrund af en løgn - hvilket er i strid med Folkeretten.

Men de blev hverken tiltalt, stillet for en domstol eller dømt for noget som helst. Og ja, det er meget underligt, at det kunne ske i lande, der både påstår at de er 'Retssamfund' og 'Demokratier'. Og det er meget mærkeligt, at det kunne foregå i fuld offentlighed - med fuld TV-dækning af det hele - uden at vælgerne (de almindelige mennesker) kom med nogen som helst indsigelser af nogen art.

Men det gjorde de ikke.

Hvis den demokratiske verdens 2 milliarder vælgere havde væltet politikerne, ville de samme politikere have lært en lektie, de sent ville glemme. Men det skete ikke, der skete overhovedet ingenting, og politikerne lærte, at de kan gøre, hvad de vil...

I dag, hvor de samme landes militære styrker har forladt Irak (efter at de har tømt landet for alt af værdi), råder der nu fuldstændigt kaos. Den genopbygning af landet, som man havde lovet, blev aldrig til noget af betydning - pengene 'forsvandt', uden at nogen har kunnet gøre rede for, hvor de er blevet af. Og her taler vi om et trecifret milliardbeløb i dollars.

Det kaos, der nu råder, er lige, hvad 'Det Militære Industrielle Kompleks' gerne vil have. For med det kan de skræmme almindelige mennesker til at stemme på politikere, der gerne vil udvide 'Krigen imod Terror' til gavn for 'Det Militære Industrielle Kompleks'. Vi kan jo ikke have terrorister rendende rundt og lave ballade, siger man. Man fortæller ikke, at man selv har skabt de terrorister, man nu vil beskytte alle de almindelige mennesker imod.

Man ligger, som man selv har redt...

Et eksempel på, hvordan det Militære, Industrielle Kompleks gør brug af spin, er følgende:

Det var ikke mange amerikanske soldater, der nåede at blive dræbt i Irak, før man fandt ud af, at man måtte 'gøre noget.' Det, man gjorde, var at udlicitere mange af militærets opgaver til private firmaer, såkaldte 'sub-contractors'. Spøgelset fra Vietnamkrigen sad stadig i den amerikanske befolkning. Når soldater vender hjem i ligposer, begynder offentligheden at protestere. Det er noget, politikere har respekt for. Så man hyrede disse 'underentreprenører' til at løse mange af de farlige opgaver. Hvis deres folk vendte hjem i ligposer, var der ingen der hørte om det.

På den måde undgik man, at offentligheden rettede sin opmærksomhed imod bagsiden af krigshandlingerne i Irak. Da det gik vildest til i Irak, var der 20.000 sub-contractors i landet. Mange af lejesoldaterne fra disse firmaer opførte sig mildt sagt ikke særligt ordentligt eller professionelt, når de var på mission. Nu, flere år efter, har mange militærfolk erkendt, at en af grundene til, at målet om at vinde den irakiske befolknings tillid fejlede, netop skyldtes, at disse lejesoldater skød folk, opførte sig grænseoverskridende og ikke overholdt de internationale konventioner. Når de kørte igennem Baghdad, spillede de høj rockmusik, råbte efter kvinderne og skød vildt omkring sig. Hvis folk ikke holdt sig på afstand af deres køretøjer, påkørte de dem og smadrede deres biler. Når en sub-contractor skød en civil iraker, blev han skyndsomst sendt hjem til det land, han kom fra, så han ikke kunne retsforfølges. Der er mange sådanne virksomheder på verdensplan.

Der er næppe nogen tvivl om, at irakerne gerne ville have genopbygget deres land – og at det ikke skete. Pengene, der efterhånden blev afsat til genopbyggelse, forsvandt sporløst. Men igen, amerikanerne var heller ikke i Irak for at opbygge noget som helst. De var i Irak, for at det militære, industrielle kompleks kunne tjene penge. Og det gjorde det.

Pentagonismen:
Den tidligere folkevalgte præsident i Den Dominikanske Republik, Juan Bosch oplevede i sit eget korte, politiske liv, hvad det vil sige at lægge sig ud med den amerikanske undertrykkelsesmaskine.

Han blev valgt som præsident efter et demokratisk valg i 1962.

Hans embede afløste et 35 år langt terrorregime i det caribiske ø-rige. Den daværende amerikanske præsident John F. Kennedy anerkendte hans valgsejr på trods af, at han var socialist.

Men 7 måneder senere, da præsident Kennedy var blevet myrdet i Dallas i Texas – og præsident Lyndon B. Johnson havde afløst ham som præsident i USA, blev Juan Bosch styrtet af den tidligere terrorpræsident. Denne fik nu støtte af USA's præsident, som jo var en anden end tidligere. Juan Bosch måtte flygte, imens hans land sank ned i elendigheden, støttet af USA.

I sit eksil skrev han bogen 'Pentagonismen'. Bosch forklarer i bogen, at imperialismen er fortid i USA – afløst af det, han betegner som pentagonismen. Det ganske særlige ved denne betegnelse er, at hvor imperialisme handler om at undertrykke andre nationer og overføre rigdomme fra dem til éns eget moderland – handler pentagonisme om en ekstrem form for imperialisme, hvor man går i krig imod andre nationer for at høste indtægterne i moderlandet igennem fortjenester opnået ved produktion og salg af krigsmateriel til sig selv. Så længe nogen trykker pengesedler nok, som man jo gør i The Federal Reserve i USA, er indtægterne ved udvikling, produktion og salg af krigsmateriel (til sig selv) langt større end hvis man som tidligere havde udbyttet den nation man var gået i krig imod. Pentagonismen er en slags selvforsynende – selvkørende altopslugende mekanisme, der nærer sig selv igennem endeløse rækker af krige.

Al den nød og elendighed, der er en følge af disse krige, er det, man betegner som 'collateral damage', der kan oversættes med noget i retning af: 'uundgåelige skader'.

Sammenholder man almindelige demokratiske nationers forsvarsbudgetter med det amerikanske samfunds forsvarsbudget, har man en idé om, hvad det er, Juan Bosch taler om. Det amerikanske samfund er en løbsk dommedagsmaskine, der er så meget ude af kontrol, at det eneste, der kan standse den, er, at USA går bankerot. Nogle påstod, at det vil ske den 28. maj 2016 – men det skete heldigvis ikke. Heldigvis, fordi ingen med sikkerhed kan vide, hvad der vil ske med verden, hvis / når det sker.

Selv med risikoen for en verdensomspændende krise – krige – måske de mange kulturers opgør med hinanden, som vil blive følgen af det amerikanske sammenbrud, er det svært at have sympati for et magtapparat, der er så sygt, ødelæggende og hyklerisk. Alle krigene bliver jo solgt til offentligheden som værende til gavn for den 'frie verden' – krige imod terror, men alt, hvad det handler om, er en enorm forretning, hvor død og elendighed veksles til indtægter for de multinationale industrimaskiner. Det er nødt til at få en afslutning, hvis vi skal have en bedre verden.

Hvis du stadig er skeptisk over for hele tanken om, at krige er arrangerede begivenheder, der skal generere økonomisk vinding, kan du prøve at dykke ned i afklaringen af, hvem der skabte terrororganisationen ISIS? Der er mange informationer om emnet på nettet.

Baggrunden for den tyrkiske nedskydning af et russisk kampfly ved den tyrkiske grænse findes også på nettet. Men man skal lede grundigt efter den. Det bliver ikke omtalt i den gængse, frie presse. Meget tyder på, at ISIS blev finansieret igennem salg af olie fra de okkuperede irakiske oliefelter.

En stadig strøm af tusinder af olietankbiler fragtede olien fra oliefelterne til Tyrkiet, hvor det blev solgt til spotpris. Mængden gjorde, at det var en god forretning for ISIS. Den vestlige verdens fly bombede officielt alle mulige mål med relation til ISIS. Men de bombede ikke de mange tusinde olietransporter. Det gik russerne så ind og gjorde med det resultat, at det økonomiske fundament under ISIS smuldrede. Som hævn for det nedskød det tyrkiske militær så et russisk jagerfly, der havde været på bombetogt ved den tyrkiske grænse. Russerne valgte kun at protestere over for tyrkerne, da USA klart og tydeligt advarede russerne om, at et angreb på Tyrkiet ville blive betragtet som et angreb på Nato.

Enkelt forklaret er historien om ISIS historien om en mand, der anskaffer sig en stor rottweiler for at skræmme naboen. Han gør alt, hvad han kan, for at den skal blive stor, stærk og bidsk. Men fordi han ikke har styr på sin rottweiler, ender den med en dag at bide ham selv. I tilfældet ISIS kan det så tilføjes, at der er mange og store interesser i, at ISIS skal fremstå som en farlig trussel imod den vestlige verden. Det kan underbygges ved erkendelsen af, at man ikke gjorde noget for at standse ISIS' olieindtægter.

Det gjorde russerne så til gengæld. Men frygten for ISIS vil få millioner af almindelige mennesker til at ønske mere militær, strammere love og mere overvågning. Og nu, efter terrordåden i Nice i Frankrig, er endnu en tør kvist lagt på det bål. Netop nu, på svensk TV kræver den franske befolkning, at der indføres undtagelsestilstand i Frankrig.

Atter må man spørge sig selv, hvorfor sådanne informationer om tingenes sammenhæng ikke kommer frem i 'den frie presse'. Svaret er enkelt. Den 'frie presse' giver almindelige mennesker den version af virkeligheden, som passer dens ejere bedst. 'Den frie presse' er det våben, der sælger budskaber. De budskaber, som nogen har besluttet, at vi skal høre.

Der er mange forskellige instanser, der alle sammen handler om kontrol, og alle bidrager på hver deres måde til, at de magtfulde mennesker, der styrer verden, kan bevare og udvide deres magt.

Det sker alt sammen hen over hovedet på almindelige mennesker - imens de står på løbebåndet i et fitnesscenter, bager småkager eller sover aftenen væk på sofaen foran fjernsynet.

Eksempler på sådanne instanser kan være:

Bilderberggruppen:

Bilderberggruppen blev stiftet i 1954 af den hollandske Prins Bernhard med henblik på at bringe Europas og Amerikas elite sammen. Der holdes et årligt møde.

Alle amerikanske præsidenter siden Ike Eisenhower har deltaget, ligesom statsledere fra mange europæiske nationer såsom England og Danmark, erhvervschefer, topfolk fra pressen og andre indflydelsesrige personer.

Møderne er 'uformelle'. Det skal forstås sådan, at der ikke bliver taget referat af møderne, der er ingen officielle 'statements' til pressen, ingen offentliggjort dagsorden eller andet, der kan afsløre, hvad det egentlig er, der tales om. Så reelt er der ingen, der ved, hvad det hele handler om - ingen andre end dem der deltager.

Det er, med andre ord, det perfekte sted for repræsentanter for toppen af industrien og toppen af det militære kompleks at påvirke politikere og statsledere. Det bygger på den gamle erkendelse af, at intet er så effektivt som den direkte personlige kontakt imellem mennesker.

Man skal her huske, at de fleste af de politikere, der deltager, er folkevalgte og kommer fra demokratier, som betaler deres løn – demokratier, som påstår, at de er åbne og gennemskuelige.

Men der er så, når det kommer til stykket, grænser for gennemskueligheden.

The Order of Skulls and Bones:
Dette hemmelige broderskab blev stiftet på Yale Universitetet i 1833 af general William Huntington Russell og Alphonso Taft.

Sidstnævnte blev udnævnt til krigsminister i præsident Grants administration i 1876.

Broderskabet var fra starten inspireret af et tilsvarende hemmeligt tysk broderskab, Chapter 322, der var grundlagt 150 år tidligere.

Både præsident George H. Bush og hans søn præsident George W. Bush var i deres studieår på Yale medlemmer af Skulls and Bones.

Man ved, at formålet med dette hemmelige broderskab er at udvælge magtfulde unge mennesker fra eliten, der efter studietiden skal være redskaber for magtelitens prægning af samfundet.

Der er ingen andre end deltagerne selv, der ved, hvad der foregår i de snævre cirkler af mennesker med tilknytning til Skulls and Bones.

Der er mange andre mere eller mindre hemmelige foreninger eller selskaber bestående af mennesker, der af en eller anden grund synes, det er rimeligt at holde deres gerninger hemmelige for offentligheden. Fælles for dem er, at de på mange måder og forskellige niveauer består af mennesker, der har magt - eller igennem medlemskab ønsker at opnå en magtposition.

Jeg kan nævne nogle få:
- Frimurerlogerne
- Illuminati

Præsident Dwight D. Eisenhower valgte i sin afskedstale at advare imod den nye magtfaktor, som han i sin egenskab af præsident i USA var blevet opmærksom på. Han gjorde det meget tydeligt. Han sagde følgende: (uddrag af Eisenhowers tale):

In the councils of government, we must guard against the acquisition of unwarranted influence, whether sought or unsought, by the military-industrial complex. The potential for the disastrous rise of misplaced power exists and will persist.

We must never let the weight of this combination endanger our liberties or democratic processes. We should take nothing for granted. Only an alert and knowledgeable citizenry can compel the proper meshing of the huge industrial and military machinery of defense with our peaceful methods and goals, so that security and liberty may prosper together.

En af de få - udover præsident Eisenhower - der havde modet og intellektet til at udfordre 'Det Militære Industrielle Kompleks' - var præsident John F. Kennedy. Mange tror på, at det var det, der kostede ham livet, da han blev myrdet i Dallas, Texas.

Det nedenstående udsagn er faktisk ikke sagt af John F. Kennedy – i hvert tilfælde ikke i henhold til min egen research. Så der er sikkert tale om 'spin' fra nogle, der ønsker at holde gang i debatten om, hvorfor han blev myrdet. Når jeg alligevel bringer det her, skyldes det, at det er i overensstemmelse med det, han i øvrigt udtrykte - og havde modet til at gå i direkte konfrontation med. Det ligger f.eks. tæt op ad hans opgør med den amerikanske nationalbank, Federal Reserve, som han ville gøre til en offentlig institution meget imod viljen hos dem, der ejer den samme bank.

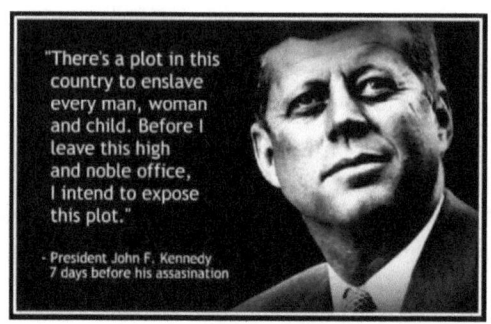

"There's a plot in this country to enslave every man, woman and child. Before I leave this high and noble office, I intend to expose this plot."

- President John F. Kennedy
7 days before his assasination

'Det Militære Industrielle Kompleks' har magten og midlerne til at starte krige, manipulere politikere og retssystemer og gennemføre forbrydelser imod menneskeheden - uden at blive stillet til ansvar for det.

I dag bliver Europa oversvømmet af flygtningeskarer, som på mange måder er skabt af 'Det Militære Industrielle Kompleks'.

Vi kunne, som mennesker, borgere og vælgere have forhindret det, hvis vi havde engageret os - havde valgt ansvarlige politikere og havde holdt de samme politikere fast på deres valgløfter - eller afsat dem.

Men det gjorde vi ikke.

Vi er en stor masse af massiv sløvhed, der trækker på skuldrene eller vender ryggen til - imens de få magtfulde ødelægger verden - og ødelægger alt det, vores egne forfædre byggede op til os. Og fordi vi ikke engagerer os, kommer vi en dag til at betale den ultimative pris for vores mangel på engagement.

Vi vil blive en befolkning overvåget og kontrolleret af de få magtfulde ledere af 'Det Militære Industrielle Kompleks'. Vi vil komme til at deltage i endnu flere krige, som de arrangerer for os og vore børn - vi vil blive truet af skræmmekampagner imod terrorister, som de har skabt for at fastholde os i angst og afmagt - og vi vil vedblive med at tro, at øget overvågning og kontrol er vores vej til frihed. Men det er det modsatte - det vil altid være vores vej til trældom…

MONOPOL

At have monopol vil sige, at man har så stor en markedsandel, at der reelt ikke er tale om nogen konkurrence. Det betyder så igen, at man kan fastsætte priserne, som man vil, til skade for forbrugerne - fordi varerne så bliver kunstigt dyrere - på grund af manglen på konkurrence.

Der er i de fleste af verdens lande lovgivning, der forbyder monopoler. Og det er jo, set fra forbrugernes synspunkt, ret fornuftigt.

Men virkeligheden er bare en anden. For på trods af lovgivningen, der forbyder monopoler, findes de alligevel i stor udstrækning.

I Danmark var der tidligere en stor og meget varieret landbrugsproduktion. Mange mindre andelsmejerier leverede mælk til de danske forbrugere. Det var der tradition for, og det gavnede konkurrencen, fordi det betød, at der var konkurrence på prisen på mælk. Men så begyndte et stort firma, Arla, at opkøbe de små mejerier. Mange af de små mejerier, de opkøbte, lukkede de simpelt hen, fordi de i forhold til Arlas forretningskoncept ikke var rentable. De opkøbte dem for at lukke dem og fjerne konkurrencen. Til sidst endte Arla med at have noget, der kun kunne betragtes som et monopol.

Det betød, at mange spændende produkter forsvandt fra supermarkedernes hylder, fordi de små mejerier ikke længere fremstillede dem. Det var til skade for forbrugerne. Heldigvis var der jo så lovgivningen imod monopoler...

Men, men, men...

Ingen gjorde brug af den lovgivning. I dag har Arla bredt sig ud over Skandinavien. Man kan købe smør, mælk og ost fra Arla i Sverige, Danmark og Finland - standardiserede mejerivarer med Arla logo - kedeligt, dyrt og fantasiløst...

Hvis du gerne vil holde op med at ryge, men har brug for lidt hjælp til det, kan du købe plaster, tyggegummi eller mundspray, der alle sammen indeholder nikotin. Fælles for disse produkter er, at de alle sammen fremstilles og forhandles af det samme firma, og at der kun er produkter fra dette firma i handelen. Dette firma har monopol, men ingen skrider ind overfor det...

Patenter:

Nogle af de love og regler, der beskytter på én måde, bliver så udhulet på en anden måde af andre love og regler. Det gælder for eksempel, når man taler om patenter. For et patent giver netop én monopol på en idé, som man har fået patent på - og forhindrer andre i at fremstille det patenterede produkt, så længe patentet er virksomt – medmindre de betaler afgift til den, der har patentet.

Da medicinalfirmaet Pfizer fik patent på Viagra-pillen, havde Pfizer praktisk taget patent/monopol på mænds erektion i det meste af verden. Altså - hos mænd der ikke ad naturlig vej kunne få erektion, men som skulle have lidt hjælp for at kunne slå sig løs.

Det er jo noget af et monopol, kan man vist sige. Er der noget, der er vigtigt for mænd i hele verden, så er det jo lige netop det. Så her gælder lovgivningen imod monopoler heller ikke. Og uden konkurrence er der jo højere priser. Har man ikke råd til at købe Viagra, må man sætte en videofilm på i stedet for eller måske spille Monopoly eller bare lægge sig til at sove - hvis man hører til dem, der skulle have haft en håndsrækning...

Firmaer som de multinationale - såsom f.eks. Nestlé - har på mange måder monopol på en lang række varer. De forsøger at skjule, at de har den rolle, ved at sælge varerne under alle mulige navne, men der er, når alt kommer til alt, tale om en monopollignende tilstand. Et firma som Nestlé er så stort og har så mange 'brands' i deres varesortiment, at de nemt kan lægge pres på en supermarkedskæde for at undgå, at de har en konkurrents varer i deres sortiment. Og det er jo en form for monopol - og den form for 'lokumsaftaler' har været bragt i anvendelse af de store multinationale selskaber.

Karteller:
Firmaer, der selv synes, de har brug for at fordele et marked imellem sig i stedet for at konkurrere på prisen, kan danne karteller. Der er her tale om, at nogle firmaer aftaler, hvordan de skal opdele et marked imellem sig. Det skal på overfladen se ud, som om der er konkurrence, men i virkeligheden er der ingen, fordi alle priserne er aftalt firmaerne imellem. Kunderne tror så, at de gør en god handel, fordi de ikke ved, at de bliver snydt.

Byggebranchen er kendt for karteldannelser, og jeg har da også igennem mine 35 år som byggepladschef i den danske byggebranche oplevet et utal af svinestreger, humbug og aftalt spil. Jeg hørte til dem, der turde tage mine modforholdsregler, men de fleste turde ikke gøre oprør imod kartellerne.

Det siger sig selv, at der er en lovgivning imod karteldannelser, fordi de ødelægger kundernes fordel ved en fri konkurrence.

Banken 'Federal Reserve' er en privat bank, der har monopol på at udstede pengesedler (og mønter) i USA. Selv ikke den amerikanske præsident har råderet over de dispositioner, som foretages i 'Federal Reserve'.

De amerikanske præsidenter, som har forsøgt at nationalisere deres eget lands nationalbank, er alle blevet myrdet. En af dem var præsident John F. Kennedy, der som tidligere omtalt blev myrdet i Dallas, Texas.

Alle de store amerikanske banker har bestyrelsesmedlemmer i Federal Reserve. De bestemmer de retningslinjer, den amerikanske monetære politik føres efter. De har et bekymrende monopol og er meget magtfulde.

Danmarks Nationalbank blev stiftet i 1818 af kong Frederik d. 6. Den er et privatejet aktieselskab. Da man valgte at gøre den privat, blev det set som et opgør imod følgerne af enevældet, hvor kongen i Danmark havde al magten og ofte ikke forvaltede den særligt godt. Men det er så spørgsmålet, om man dengang ikke handlede i panik og skabte et nyt problem ved at lægge magten over et lands økonomi ud i privat regi? Erfaringer fra nyere tid viser meget klart, at topledere i bankverdenen har noget nær den laveste moral af alt i verden, der er varmblodigt og har en puls...

Pointen i alt dette er, at lovgivningen imod monopoler kun gælder for små, almindelige, harmløse firmaer og selskaber - den gælder ikke for de store, multinationale selskaber, der har enorme monopoler, magt til at påvirke landes regeringer og udsuge verdens befolkninger for ressourcer.

De selskaber har, kan man sige, monopol på at have monopol...

DE MULTINATIONALE SELSKABER

Multinationale selskaber er firmaer, som er så store, at de har bredt sig ud over en væsentlig del af verden. De største af disse har en omsætning, der er større end mange landes bruttonationalprodukt.

Da der i toppen af den kapitalistiske verden ikke er venskaber, så ser det ud, som om der alligevel er en form for 'aftalt spil' imellem de multinationale selskaber i visse sammenhænge. Multinationale selskaber kan f.eks. gå sammen, hvis de har fælles interesser i et geografisk område. De kan så forene deres kræfter i at lægge pres på politikere for at indgå en aftale vedr. udnyttelse af dette geografiske område - eller påvirke lovgivningen via politikerne, sådan at de kan få gennemført deres ønsker ad den vej. Der er ingen forskel på, om det handler om diktaturer eller om såkaldte demokratiske stater. Dog vil det typisk være sådan, at multinationale selskaber, der ønsker at indgå en aftale med en diktator, har mulighed for at betale denne diktator for til gengæld at få den aftale, de ønsker.

I forholdet til demokratiske stater er der andre 'knapper at trykke på' som bl.a. at invitere politikerne til arrangementer eller rejser, hvor man så har fred til at påvirke dem. Som for eksempel i Bilderberggruppen eller i Frimurerlogen. Eller som da den danske, engelske og amerikanske regering sammen med multinationale selskaber plyndrede Irak. Under dække af, at man ville fjerne masseødelæggelsesvåben plyndrede man Irak for store værdier, herunder olie, kunst- og kulturskatte.

Multinationale selskaber er firmaer ligesom alle andre firmaer, de er bare større. Man skal huske, at de er blevet så store, fordi de er bedre til det, de gør, end alle de firmaer som er mindre. Eller også er de mere rå og brutale end de andre. Det er jo i sidste ende de folk, som sidder i toppen, der bestemmer den strategi, man kører efter. Hvis de er grådige og uden moral, vil firmaet også fremstå som sådant, uanset hvem der arbejder i bogholderiet eller i kantinen...

Fordelene ved at være multinational er mange.
- Man køber ind til lavere priser, fordi man køber mere ad gangen.
- Man kan lægge pres på leverandører til ikke at sælge til bestemte konkurrenter ved at true med at lægge sine ordrer hos andre leverandører, hvis de ikke makker ret. Det har jeg selv oplevet i den danske el-branche, da jeg arbejdede på byggepladser.
- Det er svært at gennemskue deres regnskaber, fordi de breder sig ud over landegrænser, hvor de enkelte landes myndigheder kun har mulighed for at kontrollere, hvad der sker inden for deres eget lands geografiske grænse.
- Man kan, via sin økonomiske formåen, påvirke og lægge pres på politikere i et omfang, som svarer til, at lande lægger pres på hinanden. Det har en vis tyngde...
- Ved at handle med sig selv kan man sløre sine regnskaber og få det til at se ud, som om man ikke tjener noget - derved undgår man at betale skat.
- Man kan i nogle tilfælde være den afgørende faktor i at kaste et land ud i borgerkrig eller sikre, at en diktator forbliver i sit embede - hvis en af delene passer godt ind i firmaets forretningsstrategi.

Det har været almindeligt, at multinationale selskaber har søgt en 'alternativ' metode for at nedbringe den skat, de betaler. Her har det handlet om 'kreativ bogføring'. Skattesystemerne er blevet opmærksomme på denne finte - den hedder 'transfer pricing'.

I al enkelthed handler det om, at et firma, der f.eks. sælger en række produkter i Danmark, køber sine materialer, råvarer eller komponenter i et af sine egne selskaber i et andet land for dyrt.

Det medfører, at selskabet så får underskud i landet, hvor slutproduktet sælges, typisk et land med et højt skattetryk. Selskabet, der sælger komponenterne, får på den måde overført store beløb på baggrund af kunstigt opskruede priser - og betaler så (måske) skat i det land, hvorfra komponenterne er solgt.

Begrebet har fået skattefolk til at interessere sig for problemet, fordi det handler om meget store beløb.

Men hvor nemt er det at bevise, at der er tale om 'transfer pricing'? Det er jo sådan, at de samme firmaer har en hær af revisorer og advokater, der kan fremstille et hav af dokumentation og argumenter for, at det der foregår, er helt rimeligt.

Og igen er jura jo jura - og har intet med retfærdighedssans eller sund fornuft at gøre.

Fastfood kæden McDonald's blev i 2002 omtalt i Dagbladet Information, fordi selskabet efter 21 års drift i Danmark aldrig havde haft overskud. I 2002 besøgte 145.000 mennesker hver dag McDonald's for at købe det, de selv kalder for mad. Der var dengang en del snak om 'transfer pricing'. Firmaet havde optaget store lån i moderselskabet i USA til en rente på 10%, selv om renten på tilsvarende lån i Danmark var 6%. Umiddelbart lyder det jo som en dårlig forretning, men det var det ikke. McDonald's lånte nemlig pengene af sig selv og kunne afskrive den forhøjede rente som tab - hvilket så betød, at man ikke skulle betale selskabsskat.

Nu kan man så, stadig med et glimt i øjet, sige, at hvis man er så ukritisk, at man køber sin 'mad' i McDonald's - så er man alligevel uden for pædagogisk rækkevidde. Men den manglende betaling af selskabsskat rammer jo også alle dem, der ikke handler dér - og det er jo træls...

Næste gang du sætter dine fødder i McDonald's, bør du tænke på, at du handler med et firma, som ikke bare producerer fødevarer af en stærkt kritisabel kvalitet - men som også har meget svært ved at opføre sig rimeligt og bidrage til det samfund, det er en del af. Du kunne så afslutningsvis spørge dig selv, hvorfor du overhovedet deltager i det?

I Danmark betalte følgende multinationale firmaer ingen selskabsskat i 2013:

Burger King, Q8, Statoil, Coca Cola, for blot at nævne nogle få.

Lego betalte 2,4 milliarder, og banken Nordea betalte 1,9 milliarder. Det er tal, der er så store, at det direkte kan mærkes på et land som Danmarks nationale økonomi.

Danske Bank betalte kun 192 millioner, selv om de har cirka samme omsætning som Nordea. Men det kan skyldes, at de har skullet afskrive store tabsgivende investeringer - eller også skyldes det noget helt andet...

Dong Energy betalte 12 millioner ud af en skattepligtig indkomst på 5,6 milliarder. Det forklares af Dongs ledelse med, at de samfundsgavnlige, meget store investeringer i fremtidens vindmølleparker og lignende fik fritaget dem for at betale skat af en væsentlig del af deres skattepligtige indkomst. I et sådant tilfælde kan et lands regering jo vælge, hvad der tjener samfundets interesser bedst. Omvendt kan man indvende, at efter at Bjarne Corridon som minister havde solgt Dong til et udenlandsk multinationalt selskab og dermed lagt Danmarks energiforsyning på fremmede hænder, er det i det hele taget usikkert, hvad der tjener Danmarks interesser bedst.

Normalt gør et land meget for at bevare kontrollen over sin egen energiforsyning, så andre lande ikke kan afpresse landet i tilfælde af uenighed. Man kan lukke et samfund ned ved at lukke for energiforsyningen. Det så man, da Rusland lukkede ned for gasforsyningen til Ukraine om vinteren. De fleste boliger i Ukraine opvarmes med gas fra Rusland. Det lagde et betydeligt pres på den ukrainske regering, og imens frøs befolkningen i Ukraine.

Men på trods af argumenterne mente Bjarne Corridon ikke, at det var noget problem. Faktum er, at han, efter at han afgik som minister, fik et topjob i et andet multinationalt firma. Det lignede en belønning. Det er, på almindeligt dansk, mildest talt betænkeligt. Det viser også, hvad multinationale selskaber er i stand til, når det handler om at indgå profitable aftaler med politikere, hvad enten det handler om diktatorer i bananrepublikker eller politikere i 'demokratiske stater'. 'Demokratiske stater' er her i citationstegn, fordi der i denne sammenhæng ikke er tvivl om, at hvis man havde spurgt vælgerne, om man skulle sælge Dong til et fremmed multinationalt selskab eller til den danske selskabssammenslutning, der gerne ville købe Dong, så var valget faldet på at bevare Dong på danske hænder.

Men igen, det er en af svøberne ved et såkaldt demokrati, som så alligevel ikke er et demokrati - at politikere kan vælge løsninger, der strider imod både vælgernes ønsker, sund fornuft og logik, så længe man ikke kommer i konflikt med den jura, der ligger bag - og jura er som bekendt jura og har intet med retfærdighed eller sund fornuft at gøre.

Da det multinationale selskab Nestlé begyndte at spekulere i at sætte sig på grundvandet i mange afrikanske lande - sammen med andre multinationale selskaber - blev bestyrelsesformanden Peter Brabeck i et interview kendt for at komme til at sige, at 'adgangen til rent drikkevand ikke er en menneskeret, idet rent drikkevand er en handelsvare'. Den kynisme, som mennesker som Peter Brabeck luftede her, er ikke noget særtilfælde for mennesker i hans position.

Peter Brabeck, Nestlé, kaster sit kærlige blik ud over verden...

Den amerikanske automobil-tycoon Henry Ford var en stor beundrer af Adolf Hitler. Han byggede flere bilfabrikker i Tyskland i den tid, hvor Hitler kom til magten.

Da Hitler gik i krig imod resten af verden, omlagde man produktionen på Henry Fords fabrikker i Tyskland, så de producerede militærkøretøjer i stedet for biler til almindelige mennesker. Mange af de lastbiler, som bragte tyske tropper til slagmarkerne i Rusland, Polen og Frankrig, var lavet på Henry Fords fabrikker.

Da USA gik ind i krigen imod Tyskland, blev der malet amerikanske flag på tagene af Henry Fords bilfabrikker i Tyskland, så de amerikanske og engelske bombefly kunne se dem og undgå at bombe dem. Flyene havde direkte ordrer om ikke at bombe Fords bilfabrikker.

Da krigen var slut, og alle andre bilfabrikker på kontinentet var bombet tilbage til stenalderen, stod Henry Fords fabrikker klar til at producere biler igen.

Her var det tydeligt en fordel at være multinational og være i stand til at holde på vinderen - indtil han så ud til at tabe - og så skifte over til at holde på den nye vinder.

Dette for at sige, at multinationale selskaber altid vil forsøge at overbevise forbrugere om, at de har moral. Men én ting er sikker - multinationale selskaber har ikke moral, det er et fremmedord i deres vokabularium...

Multinationale selskaber jonglerer med deres repræsentation i forskellige lande. De lande, der tilbyder de mest gunstige skatteregler, er mest tiltrækkende.

Politikerne er under pres fra befolkninger i forhold til at skabe arbejdspladser. Så et multinationalt selskab kan lægge pres på bureaukratiet i et land ved at true med at flytte arbejdspladser fra et land til et andet for at spare penge i skat.

Multinationale selskabers indflydelse bliver meget suspekt, når man taler om deres udnyttelse af svage økonomiers arbejdskraft og/eller ressourcer. Læs mere om det i 'Verdens Ressourcer'.

KAPITALISME / KOMMUNISME

Kapitalisme refererer typisk til et økonomisk og socialt system, i hvilket ejendomsretten til produktionsmidlerne (kapitalen) er privat, og hvor arbejdskraft, goder og kapital handles i et marked. Overskuddet fra produktionen fordeles til ejere og investorer (kapitalister), mens det enkelte individ ejer sin egen arbejdskraft, som han derfor kan sælge til en arbejdsgiver. Kapitalisme er et økonomisk system.

Kommunisme er i politiske og sociale videnskaber en social, politisk og økonomisk ideologi og bevægelse, hvis endelige mål er etableringen af det kommunistiske samfund, som er en socioøkonomisk orden struktureret med fælles ejerskab til produktionsmidlerne, fravær af sociale klasser, penge og staten.

Disse to definitioner kan læses på den danske Wikipedia.

Vi har, i den verden du skal overtage og forandre, haft den glæde at (forskellige steder til forskellige tider) stifte bekendtskab med begge disse to måder at indrette samfundsøkonomien på. Kapitalismen har overalt i verden udkonkurreret kommunismen, pånær i Nordkorea.

Kommunismen er, som sådan, en meget smuk og enkel tanke.
Man yder efter evne, deler alt med alle de andre, og alle får lige meget.
Det, der startede med at være sultende massers oprør imod vanvittige herskere, viste sig at være en vandring fra en slags fængsel og elendighed til en anden slags fængsel og elendighed. For man havde glemt en væsentlig faktor - den menneskelige natur.
Indledningsvis kan man konstatere, at de, der grundlagde de kommunistiske samfund - Lenin, Trotskij med flere - aldrig havde tænkt sig, at de selv skulle leve ligesom alle de andre. Så de svirede og horede fuldstændig på niveau med den herskende

163

klasse, de havde sat fra magten, for at skabe et nyt og retfærdigt kommunistisk Utopia.

Da det nu engang er sådan, at lederne er rollemodeller for alle undersåtterne, så fusede gnisten ud, og flammen slukkedes, da alle de almindelige mennesker så, hvad det var, de havde været med til at skabe. Et væsentligt problem for kommunismen var, at alle kunne se, at hvis man ikke var en del af den absolutte elite, var man henvist til at leve i fattigdom - under en elite, der levede i overflod. Og så var der den detalje, at lederne lod millioner af mennesker myrde, mere eller mindre tilfældigt, mere eller mindre åbenlyst. Så frygt var den sammenholdskraft som det kommunistiske system byggede på, da det først var etableret.

Som økonomisk system kan det aldrig fungere, for menneskers natur er ikke forenelig med kommunisme.

Kapitalisme er det økonomiske system, som har vundet terræn i hele verden og det system, som har overvundet 'spøgelset' kommunisme. Da det er fællesnævneren i nær sagt hele verden, burde det jo så have alle de kvaliteter, som kommunismen ikke havde.

Men nej, det er ingenlunde tilfældet, desværre.

Hvor man i den kommunistiske verdensorden var nødt til at være en korrupt leder for at kunne leve i overflod, imens befolkningen sultede - kan man i den kapitalistiske verden være en respekteret og næsten lovlydig leder, der lever i overflod - imens resten af verden sulter.

Kast et blik på nyhederne i TV eller avisen, kig ud ad vinduet, tag toget et smut ud til ghettoerne...

På trods af alle de skrevne ord og alle de pæne intentioner så gør det samme sig gældende her, som det gjorde mht. kommunismen.

Kapitalismen passer heller ikke til den menneskelige natur.

Kapitalisme bygger på det frie initiativ og den private ejendomsret. Er man driftig, stræbsom, vedholdende og talentfuld, kan man skabe sig en fordelagtig position i verden, økonomisk set.

Hvis man så samtidig er så heldig at være et rigtig dumt svin, smart, med gode evner for at overtale andre - og ikke lider af svagheder såsom empati eller næstekærlighed - så kan man skabe sig en rigtig, rigtig god position, økonomisk set. Så her kan man også sige, at som økonomisk system kommer kapitalismen aldrig til at fungere retfærdigt, fordi kapitalismen ikke er forenelig med menneskets natur.

Der er uendeligt mange tal for, hvordan verdens goder er fordelt. Hvis man nu anlægger en konservativ betragtning, så ser det nogenlunde således ud:

1% af verdens befolkning ejede i 2009 lige så meget som de fattigste 48% af verdens befolkning.

Oxfam, en engelsk hjælpeorganisation, siger, at dette i starten af 2016 er blevet forøget til over 50%.

Igen vil jeg tillade mig at gøre det 'lavpraktisk'.

Er det rimeligt, at man, når man fødes ind i denne verden, pr. automatik er medlem af en form for 'eksistens-lotto' gående ud på, at hvis man fødes ind i f.eks. den vestlige verden, så har man muligheder for at få et godt liv - men hvis man tilfældigvis fødes ind i den fattigste del af verden, så er det overvejende sandsynligt, at ens opvækst bibringer én fysiske mén og/eller hjerneskader, fordi man lever et liv i underernæring?

Man kan også undre sig over, at med så mange mennesker tilknyttet en af verdens religioner - som jo alle sammen hævder at være den sande vej til Gud, hvorfor er der så så lidt fokus på at skabe ligevægt og retfærdighed i verden?

Igen er svaret, at nøglen til al den menneskelige lidelse og elendighed ligger i den menneskelige natur. Verden er sådan, som den er - fordi VI er, som vi er. Så enkelt er det. Alle de dyre forklaringer, videnskabelige undersøgelser, udvalgsbetænkninger og løfter om bedring er slet og ret bare tom snak.

Hvis man ønsker at skabe en verden, hvor alle får en fair share af goderne, så må man nødvendigvis skabe et økonomisk system, der tager udgangspunkt i menneskets natur. Man må skabe et økonomisk topniveau og en økonomisk bundgrænse, inden for hvilke menneskers liv skal leves. Det betyder, at begrebet 'de styrtende rige' vil forsvinde. Man må erstatte det at betragte et menneskes økonomiske formue som et udtryk for dette menneskes succes med noget andet. Man må anlægge den betragtning, at hvis der skal være nok til, at alle kan få deres fair share og et anstændigt liv, så er det vejen at gå.

En af grundene til, at vi som art ikke udvikler os mentalt, er netop, at al vores fokus er på økonomisk vinding - og på tekniske landvindinger, fordi der er økonomisk vinding tæt forbundet til disse. Mentalt set er vi stadig primitive, naive, grådige, middelmådige ligesom de første af vores forfædre.

Når alle prognoser klart viser, at vi - på trods af alt det vi i dag ved - stadig medvirker til, at de rige bliver rigere og de fattige bliver fattigere - og vi samtidig godt ved, at det er ensbetydende med uendeligt mange fremtidige krige, så må man ganske enkelt konkludere, at vi 'bare ikke er klogere', når det kommer til stykket.

Når man i dag oplever, at fattige amerikanere stemmer på Donald Trump, så er det åbenbart, at de fattige ikke har fattet, hvad det hele handler om. For Donald Trump er blevet rig, fordi han er gearet til at operere i et kapitalistisk system, som beriger ham på alle de fattiges bekostning. De fattige tror, at han er en af dem, men det er han ikke.

Donald Trump er i sig selv fuldstændig uinteressant, fordi han på alle måder er et middelmådigt individ. Men som tendens er han interessant, fordi han er levendegørelsen af, at verden er i problemer.

Donald Trump er uvidende, primitiv, latterlig, manipulerende, løgnagtig og grådig - og en deltager i kampen om at blive leder af verdens førende supermagt, som har atomvåben. At han er netop der, hvor han er, er i sig selv et udtryk for alt, hvad menneskeheden står foran af eksistentielle problemer.

Mest af alt er Donald Trump er rendyrket kapitalist...

Et lille eksempel: (sådan er det i princippet...)

Forestil dig en by med 30.000 indbyggere. Ud af dem er der 10 personer, som er særligt foretagsomme og kan lide at tage chancer. De 10 starter hver deres firma. De er alle sammen dygtige, og det går dem godt. Efter 10 år er de hver især chef for en virksomhed med 100 ansatte.

I den tid der er gået, siden de startede, er verden forandret. Udviklingen er gået imod det globale, og disse 10 virksomhedsejere har fået øje på Kina. Så de opsiger deres ansatte og flytter produktionen til Kina. Selskabernes hovedkontorer flytter de til et land med bankhemmelighed − lad os for nemheds skyld sige, at de alle flytter kontorerne til Cayman Islands.

I frihedens og kapitalismens hellige navne er der intet mærkværdigt i det, for det er sådan verden er indrettet.

De mange ansatte i den lille by med 30.000 indbyggere bliver arbejdsløse. Den knowhow, de har opbygget, går til spilde. Deres løn bliver ændret til understøttelse. Virksomhedsejernes formuer vokser, og de kigger sig ikke tilbage.

Så spørger jeg dig:

Er det rimeligt, at så få personer har så megen indflydelse på så mange menneskers liv?

Er det rimeligt, at det samfund, som har givet dem deres uddannelse og gjort dem i stand til at skabe 10 sådanne virksomheder, så let kan hægtes af?

I forhold til de gældende regler er der ikke noget at udsætte på det, men jeg synes alligevel, at det er urimeligt. Reglerne er nedfældet af mennesker, som engang troede på, at kapitalismen er den eneste vej frem. Men problemet med den er, at drivkræfterne bag den er grådighed, egoisme og det simple faktum, at alt af værdi i menneskenes verden måles i penge. Og jo mere man måler alt i penge, jo mere afstumpet bliver den verden, man skaber.

Man kunne så erstatte kapitalismen med socialisme eller kommunisme, men det har heller aldrig fungeret tilfredsstillende.

Derfor spørger jeg dig: Tror du, at man kunne 'génmanipulere' disse tre og finde frem til et system, hvor man tilgodeser alt, hvad mennesker repræsenterer – ikke kun det økonomiske, men alt, hvad mennesker magter og præsterer?

Min tanke er, at hvis man kommer væk fra, at det kun er økonomisk profit, der har værdi, vil alt det andet, vi mennesker står for pludselig i sig selv blive værdifuldt.

Det kunne være en vej til erkendelsen af, at alle mennesker har værdi for verden, hver på deres måde...

Hvad tror du?

BANKERNE

"The real truth of the matter is, as you and I know, that a financial element in the larger centers has owned the Government ever since the days of Andrew Jackson".

- President Franklin D. Roosevelt

Bankerne - banksystemet - er en af de faktorer i menneskers liv, som for alvor styrer, manipulerer og skaber katastrofer, som de selv nyder godt af.

Hvis du vil vide noget mere indgående om baggrunden for, hvorfor man overhovedet fik banker, og hvem der står bag dem, kan jeg anbefale dig at gå på Youtube og søge efter to film, der meget sobert beskriver hele historien og baggrunden.

Filmene hedder 'The Money Masters'.

Historien om banksystemet og dets indflydelse på menneskers liv går mere end 2.000 år tilbage.

Allerede i det spæde Romerrige havde man bankfolk. Også dengang havde de en ødelæggende indvirkning på den verden, de var en del af. Og de få herskere, der så sammenhængen og forsøgte at gøre noget ved det, blev myrdet. Det skete for to romerske kejsere ca. 200 år før Kristus.

Da Julius Cæsar blev hersker i Rom, tog han magten tilbage fra banksystemet og gjorde staten i Rom til den, der lavede og styrede pengesystemet. Det bragte velstand til det romerske rige, som Cæsar brugte til at bygge alle de pragtfulde bygninger i Rom, som han er kendt for. Mange historikere mener, at banksystemet ændrede på dette ved at deltage i snigmordet på Julius Cæsar. Efter hans død blev den statslige kontrol med og styring af pengesystemet atter overdraget til de private bankfolk.

Og det var begyndelsen til enden på det romerske imperium.

Dette blot for at fortælle dig, at debatten om bankernes manipulation med verdens befolkninger ikke er et nyt fænomen.

Mange tror, at det, bankerne 'lever af', er de renter som lånerne betaler, lånere som dig og mig. Umiddelbart ser det jo sådan ud. Men sagen er, at det blot er det, bankerne gerne vil have os til at tro.

Bankerne lever af, at vi låner penge - og derved gældsætter os. Det at vi gældsætter os til bankerne, binder os til dem. Med den lovgivning der i dag er i alle lande, kan man ikke komme ud af den gældsætning, medmindre man kan indfri sine lån til en kurs, der er fastsat af bankerne.

En af de ting, der skaber økonomisk kaos i verden er, at næsten alle landes nationalbanker ikke er - som man skulle tro - landenes nationale, statsejede banksystemer - men derimod private banker, der leaser pengene ud til de enkelte stater. Dem, der ejer nationalbankerne, er typisk de private banker, der findes i landene, de er aktionærer i nationalbankerne. De forskellige offentlige systemer i landene har repræsentanter i nationalbankernes bestyrelser, men de har ikke den afgørende stemme og har reelt ikke den afgørende magt.

Det, der overordnet afgør, hvordan det økonomiske system har det, er udbuddet af penge, der er i omløb. Bankerne bestemmer suverænt hvor mange penge de ønsker sat i omløb.

Bankerne er meget sikre på at få deres investeringer tilbage, for lande, der låner penge i bankerne, udskriver skatter til deres befolkninger, og disse skatter går tilbage til bankerne i form af afdrag på landenes lån. Det er en stor, velsmurt maskine...

Bankerne 'lever' godt af de tilbagevendende økonomiske kriser.

Umiddelbart ser det ud, som om bankerne lider store tab, når en økonomisk krise sætter ind. Men bankerne ser tingene i et langt tidsperspektiv - kriserne er et af værktøjerne til at skabe profit.

Så selvom bankerne, på den korte bane, lider tab - og endog kan få regeringer til at bevilge 'bankpakker' for at redde banker

- så er det, på den lange bane, en god forretning med en krise engang imellem. For kriserne betyder, at landes regeringer er tvunget til at låne endnu flere penge af bankerne for at komme igennem krisen. Bankpakkerne, som mange vestlige stater bevilgede til bankerne i deres egne lande, blev officielt bevilget for at redde bankerne fra konkurs. Bankpakkerne var borgernes penge, penge de havde betalt i skat i hver deres land. Der blev derfor et stort ramaskrig, da man fandt ud af, at bankerne brugte bankpakkerne til at udbetale enorme bonusser til deres egne topchefer – af de penge, som borgerne igennem deres regeringer havde bevilget via bankpakkerne. Det var – og er grotesk at man som borger skal finde sig i at blive bestjålet så groft og åbenlyst. Men det er sådan, den er, den verden vi har skabt. Når rige mennesker åbenlyst stjæler fra almindelige borgere, gider de ikke engang at skjule det længere. De har ganske enkelt ikke længere respekt for almindelige borgere og deres mening.

Da englænderne havde koloniseret Amerika, var mange af dem, der nu følte sig som amerikanere, indstillet på at anerkende den engelske overhøjhed og blot være engelske kolonier. De amerikanske kolonier betalte skat til England. Men fordi man havde overført det engelske pengesystem til Amerika - og fordi bankerne sørgede for at udbuddet af penge (sølv og guldmønter) ikke blev for stort - begrænsede det den handel, der foregik på det amerikanske kontinent.

Nogle driftige amerikanere besluttede derfor at indføre deres egen møntfod. Den var ikke baseret på guldreserver, for man havde ingen guldreserver. Møntfoden var baseret på gensidig respekt for, at man kunne handle med hinanden. I princippet gør det samme sig gældende i dag, hvor den danske krone eller den amerikanske dollar heller ikke har backup i guldreserver. Alt bygger på, at man har aftalt, at det er den møntfod, man anvender, når man handler med hinanden.

171

Amerikanerne begyndte at trykke deres egne pengesedler. Man kaldte dem 'Colonial Scrip'. Handelen blomstrede op overalt i de amerikanske kolonier.

Da 'Bank of England' fandt ud af, hvad der foregik, lagde man pres på den engelske regering, der til stadighed lånte flere og flere penge af nationalbanken i England for at føre alle sine krige rundt om i verden.

Enden på det blev, at den engelske regering krævede af kolonierne i Amerika, at de skulle afregne deres skatter i engelske sølv- og guldmønter - som de jo ikke havde ret mange af.

Dette var den faktor, der udløste den amerikanske uafhængighedskrig. Amerikanerne smed englænderne ud og skabte det, der nu er verdens førende supermagt, bare 250 år senere...

Kampen imellem verdens private bankfamilier og verdens stater om magten over de monetære systemer, er en af kampene imellem det, man i Star Wars kalder kampen imellem 'The Dark Side' og 'The Force'. Indtil nu har The Dark Side vundet alle de afgørende kampe - det er en af de væsentlige grunde til, at verden ser ud, som den gør.

Ikke for at desillusionere nogen - men hvis man virkelig skal ændre verden - gøre den til det sted, alle almindelige mennesker drømmer om - så skal man tage opgøret imod bankverdenen. Så skal man kæmpe for, at nationalbankerne i hele verden styres af landenes regeringer og ikke af grådige bankfolk.

Hvis man med rimelighed kan tillade sig at sammenligne en krop og dens sygdom med noget som helst - så er det, at bankverdenens greb om hele menneskeheden er en af de næsten uhelbredelige kræftformer, som hele menneskeheden er angrebet af.

En af de private bankfamilier, der for alvor har udmærket sig i grådighed, kynisme, men også dygtighed på deres felt, er familien Rothschild.

Forfaderen, Mayer Amschel Bauer fra Frankfurt i Tyskland var en velhavende, jødisk guldsmed, der i 1760'erne åbnede sin egen bank. Han havde 5 sønner, som han uddannede i bankvirksomhed. Inspireret af et logo han havde hængende over døren til sin bank, ændrede han navn til Rothschild.

Da hans sønner var blevet både voksne og uddannede, sendte han dem til nogle af de førende storbyer i Europa. Her startede de med stor dygtighed hver deres bankvirksomhed. De fandt ud af, at det var meget mere rentabelt at låne penge ud til kongehuse og regeringer, fordi det både handlede om større beløb end ved private udlån - men også fordi man havde en større garanti for, at man fik sine renter retur, fordi de kom tilbage i form af skatter.

Familien Rothschild grundlagde mange af landenes nationalbanker. De tilbød at opbevare landes guldreserver i deres sikrede banker. De lagde også grunden til den måde, bankforretninger foregår på i dag. Dengang fremstillede man penge i forhold til, hvor meget guld man havde i bankhvælvingen, fordi der skulle være dækning for alle de penge, der var i omløb.

Rothschilds sønner fandt ud af, at det ville være en meget bedre forretning at fremstille flere penge, end man havde guldreserver for, fordi man kunne kræve renter for alt, hvad man lånte ud. Så i mange banker i dag har man den regel, at man kan producere pengesedler for 10 gange den værdi, man har guld for i hvælvingen. Og endelig var det jo kun bankerne selv, der vidste, hvor meget guld der var i hvælvingen.

Når du låner penge i banken til f.eks. 8% i rente - så betaler du faktisk ikke kun 8% i rente. Hvis man sætter renten i forhold til bankens faktiske guldbeholdning (og dermed den reelle risiko), så betaler du faktisk 80% i rente. Alle de renter, du betaler for 'varm luft penge', som der reelt ikke er dækning for, er jo på en måde fup. Men da ingen ved, hvor mange penge nationalbankerne trykker - eller hvor meget guld de har i hvælvingerne - er der jo heller ingen, der ved, hvor stor en risiko disse banker i virkeligheden tager. Mit gæt er, at disse bankers risiko er nul.

De fleste er ikke klar over dette...

Der har igennem tiden været nogle politikere, der evnede at gennemskue det, der foregår. En af dem var John F. Kennedy. Han kæmpede for at nationalisere 'Federal Reserve'. Han blev myrdet.

Forfædrene til det, der blev De Forenede Stater (USA), var bevidste om bankernes måde at styre og (ind imellem med passende intervaller) kvæle verden.

En af hovedmændene bag den amerikanske uafhængighedserklæring, Thomas Jefferson, havde set, hvad Bank of England havde gjort ved det engelske samfund.

Han sagde følgende:

'If the American people ever allow private banks to control the issue of their currency, first by inflation, then by deflation, the banks and the corporations which grow up around them will deprive the people of all property until their children wake up homeless on the continent their fathers conquered.'

En erfaren bankmand, Gouvenor Morris, der var formand for den komité, der udarbejdede den amerikanske uafhængighedserklæring, skrev et brev til en anden af de drivende kræfter bag samme erklæring, James Madison.

Gouvenor Morris skrev:

'The rich will enstrive to establish their dominion and enslave the rest. They always will... They will have the same effect here as elsewhere, if we do not, by (the power of) government, keep them in their proper spheres'.

Trods denne klare advarsel fra en af bankernes egne gav den amerikanske kongres alligevel en bank lov til at grundlægge det, der senere blev til Federal Reserve.

De banksystemer, der er omtalt i det ovenstående, er stadig aktive. De har i dag mere magt end nogensinde. At den i dag fuldstændigt forgældede amerikanske supermagt stadig kan fungere som supermagt skyldes ene og alene, at bankerne har bestemt, at det – indtil videre - skal være sådan.

Den dag, hvor bankerne bestemmer, at det ikke længere tjener deres interesser at fastholde USA i førerpositionen, kan de trække tæppet væk under det amerikanske supersamfund. Blot at tænke på følgerne af det får det til at løbe mig koldt ned ad ryggen...

Alt det ovenstående skal lede frem til konklusionen for dette kapitel - nemlig at banksystemerne har en afgørende, ødelæggende og aktiv rolle i alle de krige og al den elendighed, der uafladeligt rammer verden og dens befolkninger.

Banksystemet af blevet 'afhumaniseret'. Bankerne ledes, ligesom de multinationale selskaber, af grådighed og kynisme. De mennesker, der befolker verden, er reduceret til aktiver og passiver i en forretningsmodel, der fremkalder økonomiske kriser, krige, folkemord og hungerkatastrofer.

Så længe man accepterer banksystemerne ved ikke at gøre noget effektivt for at standse deres terrorisering af verden - så længe har almindelige menneskers nok så velmente forsøg på at samle mad ind til de sultende, eller sende vinterfrakker og hjemmestrik til folk, der fryser, ikke nogen afgørende effekt. Det er som at forsøge at bekæmpe kræft med antibiotika. Det kan være nok så velment, men det har ingen afgørende effekt...

Vi kan tro, at vi som individer gør en forskel, men den forskel, vi gør er forsvindende lille. Det, der for alvor ville batte noget, ville være at tage opgøret imod bankerne - måden banksystemet fungerer på - det ville gøre en forskel.

Men sådan som verden er indrettet, er det ikke en opgave for det enkelte, lille menneske - det er en opgave for politikerne. Det skulle i så fald være selvstændige, uafhængige, begavede, modige politikere, optændt af tanken om at skabe en bedre verden - og hvor finder man lige dem...?

VERDENS RESSOURCER

Ser man et foto af Jorden, optaget fra rummet, får man den følelse, at der da må være nok ressourcer på sådan en planet, til at alle kan få deres 'fair share' og have mulighed for at leve et godt liv dér. Mennesker forekommer at måtte være så små og ubetydelige, at sådan en klode må kunne modstå næsten enhver form for påvirkning fra nogle, der er så små.

Men hvis der er nok af dem, der er så små, holder det synspunkt ikke længere.

Der er to forhold, man skal holde sig for øje.

Det ene handler om ikke at forrykke den balance, der eksisterer på Jorden. Den balance, der sikrer, at man ikke gør det umuligt for Jorden at 'regenerere' sig selv. For hvis man ikke tænker sig om og derved skaber ubalance i planetens evne til at vedligeholde sig selv, vil det få enorme konsekvenser for alt det liv, der lever der.

Det andet forhold handler om, hvordan man fordeler alle Jordens ressourcer imellem de mennesker, der bebor den.

Som en sidebemærkning til begge de overstående punkter kan man sige, at uanset hvad mennesker gør med Jordens ressourcer, vil Jorden overleve. Det er derfor 'kun' et spørgsmål om, hvorvidt de, der lige nu lever på den, vil overleve.

Jorden har allerede 'overlevet' mange voldsomme begivenheder, fra den blev skabt og indtil i dag. Voldsomme påvirkninger fra meteornedslag, udbrud fra supervulkaner, jordskælv og tsunamier.

Jorden var engang for længe siden det, man kalder en 'Snowball'. En hvid planet dækket af is. Dens hvide overflade kastede solens lys tilbage i verdensrummet, hvorved den forblev kold. Derfor tøede isen og sneen ikke, og derfor kunne der ikke opstå en atmosfære, der kunne give mulighed for, at liv kunne udvikle sig.

Jorden ville være forblevet en Snowball til evig tid, hvis det ikke havde været for vulkanerne. Vulkaner over hele Jorden gik i udbrud, brød igennem isen på overfladen og sendte store skyer af materiale op, blandt andet enorme mængder CO_2. Det ændrede det samlede billede, for det holdt på varmen fra solen, så planeten kunne begynde at tø.

De første organismer opstod. De levede af CO_2 og afgav ilt - og lagde grunden til den atmosfære, som vi lever i i dag.

Alt dette sagt for at anskueliggøre, at menneskers argumenter med, at 'Jorden går under', hvis vi ikke gør det ene eller det andet, ikke er sande. Jorden går ikke under - det er kun os selv, der går under...

En gruppe af ressourcer er dem, der ikke er skabt eller fremavlet af mennesker. Råstoffer i undergrunden er et eksempel.

Der er ingen grænser for, hvad multinationale selskaber ønsker at eje, både af Jordens ressourcer og af de afledte ressourcer som opstår, når man f.eks. genmodificerer de naturlige ressourcer - eller skaber nye ressourcer igennem højteknologiske processer.

Landes udgangspunkt for at klare sig godt i den indbyrdes konkurrence imellem civilisationer kan være meget forskellige.

Nogle lande er rige på ressourcer, andre er ikke.

Et eksempel på sidstnævnte er de arabiske lande. Hvis de vestlige civilisationer ikke havde udviklet sig og fundet olie i undergrunden i flere arabiske lande, ville de have været henvist til at leve af, hvad ørkener og golde bjerge havde kunnet forsyne dem med. Men det, som de selv kalder 'den vestlige udbytning' af deres nationer, har trods alt gjort dem til nogle af de rigeste lande i verden. Med de penge, de tjener på olien, kan de så købe alle de ressourcer af andre lande, som de selv mangler. Så oliestaterne er, trods at de er dækket af sand og bjerge, alligevel ressourcestærke.

De afslører samtidig på deres egen måde, hvordan mennesker i bund og grund er. For al den velstand, der kommer fra salget af olie, er koncentreret på ganske få personer. Selv om olien kommer fra undergrunden, er kun relativt få mennesker blevet styrende rige. Alle de andre lever samtidig i fattigdom.

I dag kan man genmodificere f.eks. landbrugsprodukter. Et eksempel er afgrøden majs. Naturligt voksende majs er udsat for en lang række 'skadepåvirkninger' fra den omgivende natur.

Det skyldes, at naturen er sådan indrettet, at hvis der opstår en mulighed for liv - en niche - så sørger naturen selv for, at der opstår liv i denne niche.

Det er sådan verdens mangfoldighed af liv er opstået, det er selve drivkraften bag vores verdens mangfoldighed. Begynder man at pille ved den, skal man være meget, meget forsigtig.

Man kan genmodificere majs, så planten bliver modstandsdygtig over for forskellige plantesygdomme. Det betyder, at det udbytte, man får fra sin majsmark, bliver større, og så tjener man flere penge. Man argumenterer også med, at man så ikke behøver at sprøjte majsmarkerne med forskellige giftstoffer, der gør planterne modstandsdygtige over for de selv samme sygdomme. At undgå at sprøjte med gift er naturligvis godt, for så ender giften ikke nede i grundvandet, det kan enhver forstå. Samtidig går der ikke så mange majsplanter til spilde, hvilket gør det hele til en bedre forretning. Det lyder også lovende...

Men ingen ved reelt, hvad det betyder for mennesker at spise genmodificerede madvarer. Man kalder dem GMO madvarer - 'Genetisk MOdificerede' madvarer.

Man skal være meget forsigtig med at forrykke naturens balance ved f.eks. at genmodificere madvarer. Min påstand er, at der altid vil være en grund til, at man ikke skulle have gjort det, som man først opdager meget senere.

Et eksempel på, at mennesker forrykker naturens balance (uden at genmodificere), er, hvad der forekommer at være en lille ting med enorme konsekvenser: Hajfinnesuppe.

I hele Asien spiser mennesker hajfinnesuppe. Man fanger en haj, skærer rygfinnen af den - koger den til suppe og spiser den. Det er til at overskue...

Måden, det foregår på, er følgende:

Man sender et fiskefartøj ud på havet. Det er indrettet til at fange hajer, og det fanger mange hajer. Når man har trukket hajerne ombord, skærer man rygfinnen af dem og smider hajerne ud i havet igen. Hajerne overlever det ikke, for de kan ikke 'holde balancen' i vandet uden deres rygfinne, så de svømmer med bugen i vejret, indtil de dør af sult. Hvis man siger, at en haj der vejer 700 kilo har en rygfinne, der vejer 1 kilo, kan man selv begynde at regne ud, hvor mange hajer der skal til for at tilfredsstille efterspørgslen på hajfinnesuppe fra 2 milliarder mennesker.

I flere havområder i Asien har man i de seneste år fanget så mange hajer, at det har forrykket naturens balance. For når hajerne er væk, opstår den føromtalte niche - og den fylder naturen selv ud.

Et af de dyr, som rangerer lige under hajerne i fødekæden er blæksprutter. Små, ivrige, sultne, angrebslystne blæksprutter med en stor appetit. Hajerne er fra naturens side sat til at holde antallet af blæksprutter nede - og det er de gode til. Men når de bliver slagtet i millionvis, fordi folk vil have hajfinnesuppe, eksploderer antallet af blæksprutter. Og fordi antallet af dem eksploderer, får de hurtigt udryddet alt det, der - i et ocean med en naturlig balance - normalt ville være deres foretrukne føde. Drevet af sult angriber de så alt muligt andet - heriblandt dykkere, frømænd, fiskere og badegæster. Så nu har mennesker i deres grænseløse uforstand skabt horder af blæksprutter i store områder, hvor der før var balance - kun fordi man kan lide hajfinnesuppe.

Det er et eksempel af mange på, hvad der kan ske, når mennesker kaster sig ud i masseproduktion i en natur, der ikke er gearet til at være domineret af mennesker.

Eksemplet er enkelt. Men det er ikke enkeltstående - for det viser princippet i, hvad der sker, når mennesker handler uden omtanke og respekt for den verden, hvor vi bare er en art ud af mange. Vi tror, vi kan skalte og valte med de ressourcer, som naturen har 'stillet til rådighed' - men det kan vi ikke.

Eksemplet gælder principielt for alt, hvad mennesker gør i form af at gribe ind i den balance, naturen har været millioner af år om at udvikle.

Jeg hævdede tidligere, at multinationale selskaber ikke har nogen grænser for, hvad de kan få sig selv til at gøre for at vinde profit.

Her er et ekstremt eksempel:

Alle er bekendt med, at Afrika er et kontinent, der er hårdt belastet. De mennesker, der lever der, gennemgår umenneskelige lidelser i deres livsforløb. Det skyldes primært, at den mere velhavende del af verden stadig øver en ødelæggende indflydelse på hele dette kontinent og fastholder de millioner af mennesker, der lever der, i elendighed.

Nogle få af dem, den politiske elite, har raget magten og rigdommene til sig. Det er dem, vi i den rige del af verden gør forretninger med. Vores indflydelse på de afrikanske nationer holder disse få mennesker ved magten. Og disse få mennesker er ikke de mest oplyste, udviklede eller kærlige individer af dem alle. De er som vores egne ledere - magtsyge, grådige og egoistiske.

Nogle af de multinationale selskaber har fået øje på, at vand i den del af verden næsten er mere værd end guld. Vand er grundstenen i opretholdelsen af alt liv på denne planet - uden vand går alt til grunde. I Afrika er der konstant mangel på vand, både i form af nedbør og i form af grundvand.

Selskaber som 'Coca Cola', 'Perrier' (ejet af Nestlé) 'Veolia', 'Suez' og 'RWE/Thames Water' er begyndt at opkøbe rettighederne til at udnytte grundvandet i de afrikanske lande. Det foregår på den måde, at selskaberne enten køber rettighederne (bestikker sig til, Red.) til at udnytte grundvandet i enhver form af korrupte præsidenter, ministre eller konger af afrikanske lande - eller med støtte fra Verdensbanken, WTO og sågar FN.

Regnvandet, som i sidste ende bliver til grundvandet, køber de også ejendomsretten til.

Almindelige borgere i disse afrikanske lande må ikke længere opsamle regnvand til at drikke, tappe vand fra den brøndboring, de igennem mange år har haft, eller på nogen anden måde råde over rent vand.

I disse lande er det i dag billigere at købe en liter Coca Cola end at købe en liter rent vand.

Udnyttelsen af verdens vandressourcer er i dag, for en stor del, lagt i hænderne på private multinationale selskaber. De er så magtfulde, at selv præsidenter som præsident Mitterand i Frankrig måtte opgive at få styr på dem. Han forsøgte at gennemtvinge en fransk lov vedrørende nationalisering af vandet i den franske undergrund og udnyttelsen af det.

Men han fik aldrig gennemført det, de var for magtfulde.

Mennesker er mere afhængige af vand end af lyset fra solen. Det burde være en menneskeret at have adgang til rent drikkevand, men sådan er det ikke. Og for hver dag der går, strammer disse multinationale selskaber grebet om ejerskabet til verdens vand.

Selskaber som Coca Cola (USA), Veolia (Frankrig), Suez (Frankrig), RWE / Thames Water (England), Vivendi (Frankrig) er blot nogle af de massive selskaber, der opkøber og udnytter det vand, der findes i alverdens lande. Et selskab som Suez har 400.000 ansatte spredt ud over kloden - og det er end ikke det største af dem.

I dag drikker borgerne i Nigeria i Afrika Coca Cola for at overleve. Vi taler her, for en stor dels vedkommende, om mennesker, som i forvejen har vanskeligt ved at opnå indtagelse af tilstrækkelig ernæring i deres daglige kost.

De er henvist til at drikke Coca Cola, som nu udgør størstedelen af deres væskeindtagelse. Man behøver ikke at være uddannet læge for at vide, at et mere usundt liv skal man lede længe efter.

181

Enjoy Capitalism

Min påstand er da også, at de multinationale selskaber, der driver deres forretninger inden for fødevareindustrien, er nogle af de mest kyniske, manipulerende og kriminelle selskaber, der nogensinde har eksisteret.

Den kynisme, de opererer med, kan sidestilles med den, der blev udvist af krigsforbrydere under 2. verdenskrig - etniske udryddelser af folk i Bosnien eller et hvilket som helst eksempel på noget tilsvarende, fra et hvilket som helst sted i verden.

Hvis man ønsker at vide noget om dette, skal man søge efter det på internettet. Man skal vide, hvor man skal lede, for 'den frie presse' i f.eks. den vestlige verden går stille med dørene ligesom de fleste andre.

Man kan spørge sig selv hvorfor?

Ved, igennem korruption, at sætte sig tungt på en nations tilgang til vand - og derefter at manipulere den til skade for samme nations befolkning er kynisme på maksimalt niveau. Det, disse selskaber mangler at gøre for at gøre deres forbrydelse fuldstændig, er at tage ejerskab til den luft, vi alle sammen indånder. Så kan de suverænt bestemme, hvem der skal leve, og hvem der skal dø.

Som det ser ud i øjeblikket, kan de igennem deres ejerskab til vandet kun bestemme, hvem der skal leve, og hvem der skal dø - i de egne af verden, hvor vand er en begrænset ressource.
Som i Afrika...

Da Margaret Thatcher blev premierminister i England, nationaliserede hun hele vandforsyningen i England. Selskaber som RWE/Thames Water besluttede som modtræk til det at blive multinationale. Det er i dag en af de helt store spillere på markedet for verdens vand.

I regi af FN (United Nations) blev der i 1992 afholdt en konference om vand i Dublin i Irland. I det manifest, der efter konferencen blev udsendt, beskrev man for første gang nogensinde vand som en 'handelsvare'.

De magtfulde folk fra direktionerne og bestyrelserne af de multinationale selskaber bruger den dag i dag denne formulering som belæg for at udtale, at adgang til rent drikkevand ikke er en menneskeret, da vand er en handelsvare og ikke en menneskeret.

Denne betegnelse fra FN ændrede for altid tilgangen til drikkevand fra at være en menneskeret - til at være en handelsvare.

Enten viser det, at de folk fra FN, der deltog, var uduelige og inkompetente - eller også er der den mulighed, at de selv var korrupte. Der er ikke umiddelbart andre muligheder at vælge imellem.

Når man taler om mangel på grundvand (ferskvand), foreslog jeg for en del år siden på en konference, at man ændrede på infrastrukturen i de europæiske lande på følgende måde:
I dag asfalterer man alle veje, parkeringspladser og torve. Regnvandet kan derfor ikke trænge ned i jorden og blive til grundvand. I stedet bliver det ledt ned i kloakker, hvor det føres igennem rensningsanlæg og slippes ud i havet. Her bliver det så blandet op med havvand og kan ikke længere drikkes.
Min idé var det, man kalder 'lavpraktisk'. Man skulle bibeholde asfalt på motorveje og alle store veje nær og i byer. Men

mindre veje på landet og i forstæder kunne man fjerne asfalten fra og gøre dem til grusveje. Asfalten, man fjernede, kunne genbruges, når man skulle vedligeholde motorvejene. Idéen bag dette var, at når man går over til grusveje, kan regnvandet trænge ned igennem vejen, ned igennem jordens filter og ende i grundvandet - og dermed indgå i forsyningen af drikkevand. Samtidig skulle man lede alt regnvand fra tage til faskiner så mange steder som muligt. Alt dette ville forøge mængden af den ressource, som drikkevandet jo er.

Samtidig havde det andre positive effekter. Man skulle bruge mindre olie til at producere asfalt af - vedligeholdelse af vejene ville blive langt billigere - hastighederne på veje i boligområder ville blive bragt ned på en naturlig måde i stedet for at etablere bump - vandbelastningen på kloaknettene ville blive kraftigt reduceret. Mit indlæg afstedkom mange hånlige bemærkninger og hovedrysten.

I dag, 25 år senere, er det i mange kommuner blevet lov, at man skal lede sit regnvand fra hustaget til faskiner. Men vejene er stadig asfalterede. Og nu står mange kommuner for at skulle bruge milliarder på at udvide deres kloaknet, fordi de forøgede regnmængder som følge af klimaforandringerne gør regnvandssystemerne utidssvarende. Det handler ikke om raketforskning eller kvantedynamik - det handler om elementær sund fornuft. Og det er en mangelvare...

Verdensbanken er også en stor 'spiller', når det gælder adgangen til rent drikkevand.

Idéen bag verdensbanken var, at de rige lande skulle kanalisere penge, mange penge, til 'udviklingslande' for at være med til at skabe en mere balanceret verden uden stor fattigdom. Men det, der skete, var, at verdensbanken gik aktivt ind i et samarbejde med de 3 største, europæiske, multinationale selskaber på markedet for vandbehandling. Når Verdensbanken skulle give lån til udviklingslande, krævede man, at landene til gengæld solgte retten til at udnytte deres vandressourcer til et af de store, multinationale selskaber. Derfor ser lidt af billedet af ejerskaberne til grundvandet i dag således ud:

- Buenos Aires, Argentina - 'Suez'
- Puerto Rico - 'Veolia'
- Jakarta, Indonesien - 'RWE/Thames Water'
- Santiago, Chile - 'Veolia'
- Plachimada, Kerala, Indien - 'Coca Cola'
- Bolivia - 'Suez'
- Manilla, Phillippinerne - 'Suez'

I Manilla på Phillippinerne steg prisen på drikkevand med 700% i løbet af 2 år, efter at selskabet 'Suez' havde overtaget retten til at udnytte grundvandet.

WTO (World Trade Organisation) med sine mange medlemslande - og en hård kerne bestående af 'The Quad' - USA, Canada, EU og Japan - har vedtaget handelsregler, der bakker op omkring vandfirmaernes fremturen i udviklingslandene.

Mange forskere mener, at det er en ny type af kolonialisering af den 3. verdens lande. Dem, der betvinger andre nationer, kommer ikke længere i skibe, sådan som vikingerne eller Columbus gjorde, de trænger ind over grænserne som en økonomisk, multinational invasionsstyrke, der ødelægger økonomien i landene, rager adgangen til vandressourcerne til sig og tvinger landene til underkastelse.

Som du kan se, er verden ikke på vej hen imod balance og fred.

Nogle nationer i verden undertrykker stadig andre nationer for egen vindings skyld. Kynisme, magtbegær, arrogance er nogle af de kodeord, der driver denne proces.

Man sørger for at pakke det ind i noget, der umiddelbart virker tilforladeligt. Man gør det i regi af United Nations - Verdensbanken og WTO - men det er og bliver det samme, som det altid har været - de stærkes udnyttelse af de svage, helt uden hensyntagen

til de omkostninger i form af menneskelige lidelser, som det på-
fører de svage.

Verdens ressourcer består ikke kun af vand.

De består af mange andre ting såsom olie, gas, mineraler, guld,
diamanter, uran eller korn, for blot at nævne nogle.

Landene i verden har delt alt det land, der findes over havover-
fladen. De har også været nødt til at aftale, hvorledes de skal dele
det land, der findes under havoverfladen. Det er primært det om-
råde, man kalder 'kontinentalsoklen' - det område, der fra stran-
den går ud i havet. Man har aftalt, hvem der kan udnytte hvad
inden for grænserne af det, man normalt betegner som fred.

Sagt på den måde, fordi det er åbenbart, at det at bekrige en
anden nation ikke længere kun foregår på slagmarken. Man kan,
så at sige, bekrige hinanden på fuld kraft, imens man sidder pænt
ved siden af hinanden under en middag og holder bordskik og
fremsiger pæne taler om gensidigt venskab.

Endelig er der så tilkommet en ny og mere diffus 'fjende'. En
modpart, der har gjort sig fri af landegrænsernes snærende bånd
og bestemte politikeres mere eller mindre irriterende holdninger
- de multinationale selskaber...

I kampen om at udnytte ressourcerne under havoverfladen om-
talte jeg tidligere, at den danske minister Bjarne Corridon solgte
det selskab, som var delvist ejet af den danske stat, nemlig
DONG. Han solgte sit lands energiforsyning til et multinationalt
selskab. Og han blev belønnet med en stor stilling...

Mange er ikke opmærksomme på, at de europæiske nationers
velstand for størstedelen bygger på en årelang udnyttelse af de
lande, som i dag betegnes som u-lande, og andre lande som på
trods af udnyttelsen alligevel har formået at rejse sig.

Danmark annekterede Færøerne og Grønland og De Vestindi-
ske Øer. Sidstnævnte blev til sidst solgt til USA for 90 millioner
danske kroner. Danmarks interesse i øerne var ikke ressourcer,

som de tidligere omtalte, men handlede om at have en strategisk position, hvor man kunne bytte handelsvarer. Handelen bestod i at bytte våben for slaver fra Afrika.

De europæiske stormagter begyndte omkring 1870 at slås om landene i Afrika. De afrikanske lande var og er rige på ressourcer.

I begyndelsen sloges man om territorierne. Da man til sidst indså, at det kostede for meget at slås indbyrdes, afholdt man en konference i Berlin i 1884-1885.

Her aftalte landene, hvorledes de skulle dele det forsvarsløse afrikanske kontinent imellem sig.

Opdelingen endte med at se således ud:

- Portugal fik kolonier i Angola og Mocambique.
- England fik kolonier i det sydlige Afrika, det østlige Afrika, land langs Nilen og Nigeria.
- Frankrig fik kolonier i Vest- og Nordafrika og Madagaskar.
- Belgien fik kolonien Congo (tidl. Belgisk Congo)
- Italien fik kolonier i Libyen, Eritrea og Somalia.
- Og endelig fik Tyskland kolonier i Øst-, Sydvestafrika og Cameroun.

Rettighederne for de mennesker, der i forvejen beboede alle disse lande, var ikke eksisterende. Fra de fleste af disse lande hentede man slaver. De var, på daværende tidspunkt, en meget stor ressource.

I de nyetablerede amerikanske stater som f.eks. Mississippi vurderede man, at uden slavernes arbejdskraft kunne man ikke tjene tilstrækkeligt på at dyrke og plukke bomuld.

Endelig havde man jo også den opfattelse, at mennesker, der havde en sort hudfarve, ikke var værdige at blive respekteret. Man tilsidesatte helt deres rettigheder som mennesker og som borgere i deres egne lande, hvor de havde boet og levet, længe før kolonimagterne gjorde deres entre.

De førnævnte lande begyndte at handle med eksotiske varer såsom elfenben, diamanter, teaktræ og mahogny. Velhavende mennesker tog på safari og slagtede myriader af løver, bøfler og andre dyr, som i dag er udryddelsestruede.

Det er ikke for meget at sige, at vestmagterne drænede det afrikanske kontinent for både menneskelig arbejdskraft og for ressourcer. Det kvælergreb, man dengang tog på landene på det afrikanske kontinent, er de aldrig kommet sig over.

Afrika er stadig fyldt med ressourcer - og man kæmper stadig om dem, ligesom man gjorde tidligere. Men i dag foregår kampen i regi af de multinationale selskaber - f.eks. som tidligere forklaret i sammenhæng med selskabernes udnyttelse af tilgangen til rent drikkevand.

De afrikanske lande har aldrig haft en chance for at gennemgå den udvikling, som f.eks. de europæiske lande har brugt århundreder på at gennemgå. De har aldrig haft tid til selv at erfare de forskellige stadier i udviklingen af en nation - de er så at sige gået direkte fra at være under angreb af fremmede nationer til at være under angreb fra de multinationale selskaber. Derfor er deres udvikling standset i det udviklingstrin, der handler om at gøre op med korruption og undertrykkelse.

Man kan som et følende, tænkende menneske synes, at det er på tide, at de afrikanske nationer får en reel chance for at komme på fode. Den chance, vi engang fratog dem med våben, og som vi i dag fratager dem via de multinationale selskabers udnyttelse af deres ressourcer.

Men det vil aldrig ske - ikke i regi af hverken FN, Verdensbanken eller WTO, som alle er eksponenter for udnyttelse af dem, der er svagere...

MENNESKET OG NATUREN

Det er næppe nogen hemmelighed, men det skal alligevel nævnes her.

Hvis mennesket pludselig uddøde og forsvandt fra Jorden, ville det næppe være nogen ulykke for andre end mennesket selv.

Naturen ville blomstre op, det vilde dyreliv ville få bedre levevilkår, og nye arter ville opstå for at udfylde de tomrum, menneskets udryddelse af mangfoldige arter har medført.

Jorden ville ikke gå under, fordi mennesket uddøde - tværtimod.

Det er tankevækkende, at det forholder sig sådan.

Både vores affald, efterladenskaber og igangværende livsmåde stresser eller dræber dyr i millionvis.

Nogle dyr har lettere ved at vinde menneskers sympati og interesse end andre. Dyr, som er enten nuttede eller respektindgydende, har lettere ved at finde sympatisører end grimme, ulækre eller bare misforståede livsformer.

Da en amerikansk tandlæge skød og dræbte hanløven 'Cecil' i udkanten af det afrikanske reservat, hvor Cecil levede, gik verdens sociale medier amok. Fuldt forståeligt, for mænd, der får orgasme ved at dræbe dyr som løver, tigre eller næsehorn, er ikke mænd. De er forkrampede parodier på mænd, som man reelt bare burde skyde med det samme våben som de selv brugte, da de skød dyret.

Det man skal forstå, er, at naturen har indrettet sig sådan, at selv dyr, man kan have svært ved at se idéen bag, har naturen en idé med. Naturen er en mekanisme, langt mere kompliceret end mennesker formår at forstå. Problemet med det er, at alt det, som mennesker ikke forstår, har de en lang tradition for at slå ihjel. Mennesket respekterer ikke naturen, og det kan vise sig at blive fatalt.

Jeg opdeler menneskets forhold til vildtlevende dyr i naturen i 2 grupper.

Den ene gruppe indeholder de forhold, som er en direkte konsekvens af menneskers handlinger. Tandlægen som dræbte Cecil decimerede antallet af vildtlevende løver med 1 stk. - det er den direkte konsekvens af denne idiots handling.

Den anden og meget større gruppe omfatter alle de vildtlevende dyr, som mennesker gør fortræd, måske uden at ville det, i kraft af tankeløshed, mangel på udvikling, ligegyldighed, profit eller lignende.

Den førstnævnte gruppe er den gruppe, som man lettest kunne eliminere.

Hvis vi havde ledere, som var visionære, politikere med noget på hjerte (politikere, der havde et hjerte, Red.) intelligente politikere - så ville det være utroligt enkelt at eliminere den form for 'støj' fra menneskets verden. Men da vi ikke har politikere, der magter ret meget, der ikke lige handler om dem selv og deres egen karriere, har vi for længst forspildt den mulighed. Man ser passivt til, imens alle naturens undere systematisk bliver udryddet, trækker på skuldrene og tænker, at sådan er det bare.

I en tid, hvor reality-feberen raser verden over, vil der en dag i nær fremtid være en eller anden idiot, som vil blive kendt som den der skød det sidste næsehorn. Man vil hade ham for det, men man vil samtidig respektere at han formåede at gøre sig selv kendt, for det er vigtigt for mennesker i dag - at blive kendt, uanset hvor idiotisk indholdet af at være kendis så end er.

Den anden gruppe af ulykkelige forhold imellem mennesket og det vilde dyreliv handler om tankeløs udryddelse af dyr og hele dyrearter. Det er den, der er mest farlig for menneskets fortsatte eksistens.

Når man sprøjter afgrøder med insektbekæmpelsesmidler, har man i årtier gjort det uden at have den fjerneste idé om konsekvenserne. De firmaer, der producerer disse giftstoffer, kan nemt overbevise brugerne, landmændene, om, at det er en god forretning at bruge disse midler. For det øger deres produktion og giver dem et større økonomisk udbytte, også selvom insektmidlerne er dyre at købe.

Landmandens forsvar for sine handlinger er, at han blot gør det, som alle de andre landmænd også gør. Hvis han ikke gør som dem, kan han ikke overleve i konkurrencen imod de andre.

Dem, der producerer giftmidlerne, udvikler dem og sender dem på markedet oftest uden at have den fjerneste idé om, hvilken påvirkning de vil have på miljøet og dyrelivet. Og de er ligeglade, for de er fuldstændigt styret af deres ønske om at tjene penge.

Naturens svar på menneskets uforstand er evolution.

Dyr udvikler resistens imod menneskenes giftmidler - hvis de kan nå det.

Nogle dyr er mere sejlivede end andre.

Kakerlakker og rotter er ekstremt sejlivede.

Bier er derimod et eksempel på dyr, som er meget sårbare. Forskellen på de førstnævnte og bierne er, at uden biernes bestøvning af blomster og planter kan menneskenes verden gå til grunde.

Eksperter har i årtier advaret imod følgerne af at handle, som vi gør, når vi taler om sprøjtemidler og kunstgødning. Men reaktionstiden fra eksperternes advarsler til politikerne endelig reagerer er uendeligt lang.

I dag har vi så fået det problem, at bier dør i milliardvis mange steder i verden, uden at man kan pege specifikt på grunden til, at det sker. Man har formodninger, men formodninger er ikke beviser. Og i en verden der styres af en kapitalistisk økonomi, skal der beviser på bordet, før man kan handle. Man kan sige det sådan, at de store multinationale selskaber bruger deres demokratiske ret til at forpeste verden, imens dyrelivet i mangel på specifikke beviser hurtigere og hurtigere går til grunde.

Verdenshavene er fyldt med menneskers affald.

Der findes i dag flydende øer af plastaffald, som er så store, at de dækker et areal som en landsdel i lande som Danmark. Dette affald har det med at samle sig i klumper, som bliver ført rundt i verden af havstrømmene. De dyr, der er så uheldige at ende i disse massive, flydende lossepladser, vil i 99% af tilfældene dø. De sidder simpelthen fast i det og drukner eller dør af sult. Det drejer sig om sæler, havfugle, hvaler, delfiner, tunfisk, spækhuggere og mange, mange flere.

Hvaler sluger plastaffald, når de spiser. Affaldet sætter sig i barderne på blåhvaler eller ender i maven på kaskelothvaler. Efterhånden fylder det så meget, at hvalen ikke længere kan tage føde til sig. Og så dør den af sult. Når en hval er så afkræftet af sult, at den ikke længere kan svømme ved egen hjælp, bliver den af havstrømmen ført ind på grundt vand, hvor den ender med at strande. Mennesker kan så efterfølgende grave tonsvis af plastaffald ud af maven på den og konstatere, at der var en forklaring på, at hvalen strandede lige netop der, hvor den gjorde.

Dette sker mange steder, hvert år. Men stadig nøjes vi mennesker med at konstatere, at det er sådan. Vi taler om det og giver et 'Like' på facebook til dem, der protesterer - men der sker reelt ikke noget som helst.

Dyr tilpasser deres mængde af afkom efter de livevilkår, der nu engang er. Det er en del af naturens gang, at det er sådan. Hvis der et år er mange gnuer på Serengeti, vil der året efter være flere løver, end der plejer at være. Hvis der så året efter er tørke og et mindre antal gnuer, vil nogle af løveungerne dø, fordi der ikke er mad nok. Helt undgå kriser kan naturen ikke. Der er en vis reaktionstid fra det ene til det andet. Men set over et længere tidsperspektiv er der balance imellem arterne.

Mennesket derimod - yngler som bakterier. I den vestlige verden har man oven i købet den mulighed, at man kan blive kunstigt befrugtet, hvis man af en eller anden grund ikke selv evner at få børn. Set fra den enkeltes perspektiv er det selvfølgelig dejligt, at man har den mulighed, hvis man gerne vil have børn. Men set i en større sammenhæng er det grotesk, at man i en verden, som decideret lider under, at der er for mange mennesker, der forurener enormt – og hvor titusinder af børn sulter ihjel hvert år - kan vælge at sætte børn i verden ved en kunstig proces.

Selvom alle ved (eller burde vide), at menneskeheden og naturen drukner i menneskenes affald, så er de tiltag, der gøres for at afhjælpe dette, alt for sporadiske og få.

Vores energiforbrug øges konstant. Kravet til energi fra verdens hastigt forøgede befolkning er endeløst. Konsekvensen af dette forøgede energiforbrug er massiv forurening.

Så længe man ikke gør noget for at begrænse forøgelsen af antallet af mennesker, er det en illusion at tro, at man kan gøre noget for at redde naturen. For det at redde naturen har en direkte sammenhæng med antallet af mennesker *og* vores måde at leve på. Som det er nu, gøres der hverken tiltag til at begrænse antallet af mennesker - eller effektive tiltag til at begrænse skadevirkningerne på naturen.

Nogle melder sig ind i Greenpeace, andre i World Wildlife Foundation eller tilsvarende organisationer. Det viser, at der findes mennesker, der bekymrer sig og gerne vil gøre noget.

Men sandheden er, at det bare er symptombehandling. Det ændrer ikke noget. Det udskyder bare katastrofevirkningerne på menneskets evne til overlevelse med nogle få minutter.

En anden og væsentlig del af naturen er planterne.

Selvom vi godt ved, at mange dele af Amazonas stadig rummer planter, der måske kunne give store landvindinger inden for den medicinske forskning, pågår udryddelsen af regnskoven i Amazonas 24 timer i døgnet. Enorme naturværdier går tabt, for at nogle få multinationale selskaber kan skabe ensidig, kortsigtet, naturskadende profit.

Multinationale selskaber som Monsanto udtager patent på genmodificerede planter og sætter dem i produktion, uden at nogen ved, hvad effekt det måtte have på verdens mennesker og dyr. Det er en syg tanke, at man kan tage patent på en levende organisme - hvad enten det drejer sig om planter eller dyr.

Man har ingen respekt for, hvad der vil ske, når man begynder at rode med de arvelige anlæg i planter og dyr.

Et grotesk eksempel på menneskets håbløse forhold til naturen: (Det skal lige nævnes, at man ved, at det at dyrke jorden med moderne landbrugsmaskiner og gødning er hårdt for miljøet og dermed for naturen og dyrelivet.)

I EU havde man i en årrække det problem, at priserne på korn var faldende. Derfor oplagrede man millioner af tons korn på kornlagre for at holde priserne kunstigt oppe. For at hindre kornet i at rådne, sprøjtede man det med kobbersalte. Kobbersaltene havde den virkning på kornet, at det blev uspiseligt. Men priserne gik op. Samtidig sultede millioner af mennesker over hele verden hver dag. Da man endelig fandt ud af, at det var tåbeligt at gøre sådan, gav man i stedet for landmændene penge for *ikke* at dyrke jorden. Man kaldte det at 'lægge jorden brak'. Man kunne have plantet skove på disse jorder, skove hvor dyrelivet kunne trives - men det gjorde man ikke, for så kunne man ikke få penge for ikke at lave noget.

Hele dette sammensurium af stupiditet var et resultat af økonomisk baserede kompromisser. Selvom det var så iøjnefaldende og ubegavet, var det nu engang det, man kunne blive enige om i EU.

Og så kalder vi mennesker os selv for højt udviklede og intelligente...

Det giver mig anledning til at påpege, at mennesket - helt overordnet set - skal indrette verden på en ny og anden måde - fordele goderne, byrderne og rigdommene helt anderledes - hvis mennesket skal overleve. Man er nødt til at sætte en grænse for, hvor megen indflydelse et enkelt menneske kan have på verdens udvikling / afvikling – hvor meget et enkelt menneske eller en enkelt virksomhed kan forurene. Man er nødt til at erkende, at menneskers grådighed, magtbegær og 'selvfedhed' skal elimineres for at sikre artens overlevelse.

Det vil så igen betyde, at dem, der i dag ejer verden - hvilket jo bevisligt ikke er nogen god idé - ikke skal eje verden i morgen. De er relativt set ganske få, dem der ejer rigdommene i verden. Resten af verden lever for en stor dels vedkommende i elendighed.

Det er på tide at gøre noget alvorligt ved det...

'Penge er magt' er et almindeligt anerkendt synspunkt. Og det er rigtigt. I en materialistisk verden som vores er penge lig med magt. Men magt er også noget i sig selv.

Magt er en følelse. For nogle kan magt blive en berusende følelse, der driver dem frem. Følelsen af magt kan ende med at blive målet i sig selv. Man kæmper for noget, manifesterer sig, viser sine omgivelser, at man er magtfuld og opnår derigennem en tilfredsstillelse.

Det er min opfattelse, at begæret efter magt burde blive anerkendt som en sygdom.

Når man har så mange penge, at penge ikke længere er et interessant mål, kan magten i sig selv blive et mål. Det er der, det bliver rigtig sygt.

De mennesker, som Adolf Hitler omgav sig med, var ikke særligt talentfulde. De var ikke, i traditionel forstand, dygtige til noget. Men de var ligesom han selv fuldstændigt forblændede af deres eget ønske om at opnå magt.

Hvad er det, der driver mennesker, der sidder i direktionerne og bestyrelserne i de store multinationale selskaber, til at opkøbe alt Afrikas drikkevand?

De har, set fra almindelige menneskers synsvinkel, alle de penge, nogen kan drømme om at have. Svaret er, at de er forblændede af den magt, de allerede har, de er ikke længere bare mennesker, de er monstre.

Den sygdom, der har forpestet deres sind og vildledt dem ud i en så ekstrem kynisme, er den følelse af magt, der har slået alt det ihjel i dem, som gør dem til mennesker. Tilbage er kun det beregnende, kalkulerende, kyniske monster, der misbruger sin indflydelse uden selv at kunne se det.

Lenin var et monster. Han var kold og beregnende hele vejen igennem den russiske revolution. Men Rusland havde brug for et monster til at fjerne det åg, som Tsaren af Rusland var for den sultende befolkning. Han var også et monster med tætte familiebånd til kongehusene i Nordeuropa.

Lenin gennemskuede opkomlingen Josef Stalin, hvis udprægede talent for kynisme Lenin havde gjort brug af undervejs.

Da Lenin skulle skrive testamente, følte han trods alt, at Josef Stalin var en tand for kynisk og advarede i sit testamente lederne i Politbureauet imod Stalin. Men Stalin var en mester i spillet om magten. Da Lenin var død, sørgede Stalin for at gemme testamentet. Og de mest magtfulde medlemmer af Politbureauet, dem Lenin havde forsøgt at advare, blev likvideret.

Stalin udryddede også alle de øverste og dygtigste af sine militære chefer. Så da 2. verdenskrig kom, var han nødt til at vinde tid, imens han opbyggede en ny ledelse i militæret. Han undertegnede derfor en 'ikke angrebspagt' med Hitler - som Hitler så brød kort efter og invaderede Rusland.

Det er et 'skoleeksempel' på, at magtsyge ofte følges af paranoia (forfølgelsesvanvid) - som så igen leder til håbløse beslutninger.

At give en person magt kan, i nogle tilfælde, lede til gode resultater.

Da englænderne valgte Winston Churchill til premierminister lige før 2. verdenskrig, viste det sig at være en klog beslutning.

Han havde som menneske meget til fælles med englændernes nationale kæledyr, den engelske bulldog. Lille, tæt, tough, udholdende og en ukuelig optimist. Selv om han ikke var 'en stor leder', blev han personificeringen af englændernes ukuelige kamp imod Nazi-Tysklands drømme om storhed og 'Tusindårsriget'.

Kort efter at krigen var slut, var hans rolle udspillet, og han gik af. Så det kan lade sig gøre at give én person en meget stor magt - og slippe godt fra det - hvis man vælger den rette person.

Men de er færre end dem, der udvikler magtsyge, paranoia eller andre mere eller mindre ødelæggende former for vanvid...

Det er svært at pege på ret mange lande i verden, hvor mennesker ikke har lidt uhyrligt under magtsyge lederes kynisme, egoisme og paranoia. Igen og igen må man forundres over, hvordan det kan være - hvorfor der ikke er nogen, der rejser sig op og gør det af med dem. Der er en slags 'mekanisme' bag dette. Svaret kunne være:

På et eller andet tidspunkt, når en leder har fået magt, vil han næsten pr. automatik ønske at få AL magten. Det er et tegn på, at han er begyndt at blive syg. De, der har troet på ham, giver det en chance. De nyder jo selv godt af at være med i 'inderkredsen' og nyder de privilegier, de har, fordi han har magten. Ham, deres gode ven. Ham, de har hjulpet frem...

Lederen begynder at udvikle paranoia og udrydder sine nærmeste i hvert tilfælde dem, der senere kunne gå hen og blive konkurrenter til ham selv. De uduelige skåner han, fordi han nyder, at de er frygter ham.

På et eller andet tidspunkt er han så svær at komme ind på livet af, at ingen kan gøre det af med ham. Når ingen 'rejser sig', er det ganske enkelt, fordi ingen har lyst til at *være den første* der rejser sig. Det er nu en gang nemmere at være en helt imellem en masse andre helte. Det er langt sværere at være en helt, når man er alene...

Mange ledere, der i deres samtid (eller et kort øjeblik af den), blev udråbt til at være store ledere, er siden blevet afsløret som sygelige, magtsyge monstre: her kommer nogle af dem fra nyere tid:

- Idi Amin Dada - Uganda, præsident: 1971 - 1979 - massemorder, sexgal, paranoid, tyrannisk...
- Muammar Gaddafi - Libyen, præsident: 1969 - 2011 - massemorder, sexgal, paranoid, tyrannisk...
- Mao Zedong - Kina, Leder 1935 - 1976 - massemorder, sexgal, tyrannisk...
- Ferdinand Marcos - Filippinerne, præsident 1965 - 1986 - massemorder, paranoid, tyrannisk...

- Slobodan Milošević - Serbien, præsident 1989 - 2001 - massemorder, paranoid, tyrannisk...
- Adolf Hitler - Tyskland, rigskansler / Führer 1934 - 1945 - massemorder, paranoid, tyrannisk...
- Josef Stalin - Rusland, generalsekretær 1922 - 1953 - massemorder, paranoid, tyrannisk...
- Augusto Pinochet - Chile, præsident 1973 - 1990 - massemorder, paranoid, tyrannisk...
- Nicolae Ceauşescu - Rumænien, præsident 1967 - 1989 - massemorder, paranoid, tyrannisk...
- Erich Honecker - Østtyskland, præsident 1971 - 1989 - massemorder, paranoid, tyrannisk...
- Richard Nixon - USA, præsident 1969 - 1974 - afgik i utide pga. korruption...
- Spiro T. Agnew - USA, vicepræsident 1969 - 1973 - afgik i utide pga. skattesvig...
- George W. Bush - USA, præsident 2001 -2009 - krigsforbrydelser, terroransvar (9/11)
- Dick Cheney - USA, vicepræsident 2001 - 2009 - krigsforbrydelser, terroransvar (9/11)
- Donald Rumsfeld - USA, forsvarsminister 2001 - 2006 - krigsforbrydelser, terroransvar (9/11)

Ovenstående er eksempler fra nyere tid. Der er mange flere, hvis man nedgraderer 'massemorder' til 'morder' - og denne bog vil fylde flere bind, hvis man ændrer 'massemorder' til 'kriminel'.

Som en sidebemærkning kan man nævne, at det danske kongehus tildelte Nicolae Ceauşescu 'Elefantordenen' - hvilket enten viser en fuldstændig mangel på realitetssans fra kongehusets side eller afslører en noget ilde anbragt sympati fra kongehusets side.

Summation:

Giv ikke magten til dem, der gerne vil have den - giv den til dem, du mener vil forvalte den godt - og sørg for at have 'sikkerheds-ventiler' bygget ind, så man kan komme af med dem igen, hvis de begynder at vise tegn på sygelig adfærd.

WHISTLEBLOWER

Populært sagt er en 'Whistleblower' en 'sladrehank'.

En person, der videregiver informationer om noget, som vedkommende normalt ikke er berettiget til at videregive informationer om.

Det kan dreje sig om en arbejdsplads, en kollega, en myndighed - det kan dreje sig om alt muligt.

Det er ikke et nyt fænomen, det har eksisteret i tusinder af år. Mennesker har sladret om hinanden, lige så længe mennesker har eksisteret.

Når det pludselig har fået så stor opmærksomhed, skyldes det, at det i de seneste år har drejet sig om afsløringer af enorme mængder af informationer, der samtidig er underlagt en høj grad af hemmeligholdelse. Det har handlet om oplysninger, der har været skjult under det, jeg tidligere omtalte som: 'For Rigets Sikkerhed'.

Når militære systemer eller landes regeringer begynder at misforvalte deres magt, indflydelse og gerninger i stor skala - bryder landes love - begår kriminalitet, der reelt kan true forholdet imellem nationer med risiko for krig til følge - så vil der altid være personer, der ikke kan få sig selv til at deltage eller ikke kan få sig selv til at holde det, der sker, hemmeligt.

I næsten alle tilfælde tjener en whistleblowers gerninger offentlighedens interesser. Han gør det aldrig for egen vindings skyld, han modtager ikke penge for det. Han gør det, fordi han vil påpege, at de, der har magten, ikke efterlever de gældende love. Han gør det for at bevise, at der sker forbrydelser.

Når en whistleblower offentliggør informationer, som han/hun er kommet i besiddelse af, udsætter vedkommende sig selv for en meget stor risiko. Det har, i de mest kendte tilfælde, betydet, at whistlebloweren har mistet muligheden for at fortsætte det liv, vedkommende havde inden afsløringerne.

Stater og regeringer optræder meget kontant og nådesløst over for en whistleblower. For dem er en whistleblower en forræder, der optræder uetisk og skal straffes. De optræder harmfulde og hævngerrige på TV og giver udtryk for, at det, whistlebloweren har gjort, er krænkende og utilgiveligt. Det, de godt ved, men som de ikke siger, er, at en whistleblower er en af et 'frit og demokratisk' retssamfunds sikkerhedsventiler imod korruption og brud på den gældende lovgivning.

Det, der er tankevækkende, er, at selv om en whistleblower offentliggør detaljer om korruption eller regeringers eller militærs brud på love i det land, de er sat til at styre eller beskytte - så har det sjældent konsekvenser for lovbryderne. Alles øjne er rettet imod whistlebloweren. Det er meget bekymrende, at almindelige mennesker er så ekstremt uvidende og så nemme at vildlede.

Her er nogle eksempler på whistleblowere fra nyere tid:

En dansk Whistleblower:
Den danske whistleblower Frank Grevil arbejdede i en årrække for Forsvarets Efterretningstjeneste. Han sad inde med informationer om, at FE ikke mente, der var belæg for at tro, at Saddam Husseins Irak havde masseødelæggelsesvåben.

Da Danmarks regering trods dette valgte at gå med amerikanerne i krigen imod Irak - hvor selve begrundelsen for at gå i krig var, at Saddam Hussein havde masseødelæggelsesvåben - offentligjorde Frank Grevil informationerne fra FE. Det viste sig da også, at Irak ikke havde masseødelæggelsesvåben.

Frank Grevil blev udråbt til landsforræder og straffet. Han havde ikke gjort det for selv at tjene på det, han havde gjort det for at påvise, at Danmark var gået i krig imod et andet land på baggrund af en løgn. En sådan krig er, i henhold til de internationale konventioner, ulovlig.

Nu skulle man så tro, at når det er bevist, at et land går i krig på et falsk grundlag, så er der nogle ansvarlige, der bliver straffet - men det skete ikke.

Den eneste, der blev straffet, var Frank Grevil.

Den daværende danske statsminister, Anders Fogh Rasmussen blev - efter at han forlod sin post som statsminister - udnævnt til chef for NATO. Fogh Rasmussen var ham, der sendte Danmark i krig. Frank Grevil sad stadig i fængsel...

Det er så her at du skal gøre en indsats for at ændre betydningen og indholdet af betegnelser som: 'Retssamfund' - 'Moral' - 'For Rigets Sikkerhed' og 'Politikere og Spindoktorer' til noget, der er reelt, noget der sikrer borgernes rettigheder og forhindrer landes magthavere i at misbruge deres magt.

Watergate skandalen - 'Deep Throat':

En amerikansk whistleblower, kendt som 'Deep Throat', var den mand, der lækkede oplysninger til journalisterne Bob Woodward og Carl Bernstein fra avisen Washington Post.

Det viste sig senere, at 'Deep Throat' var vicedirektør i FBI, William Mark Felt.

Afsløringerne førte til, at USA's præsident Richard Nixon måtte afgå lige efter at være blevet genvalgt. Richard Nixon var direkte impliceret i Watergate -skandalen.

Kathryn Bolkovac:

Kathryn Bolkovac arbejdede for det amerikanske selskab 'Dyn-Corp', som af De Forenede Nationer (FN) havde fået til opgave at uddanne og træne nye politifolk til at gøre tjeneste i det krigshærgede Bosnien-Herzegovina.

Under sit arbejde der fandt hun ud af, at hendes kollegaer plejede omgang med prostituerede og tjente penge på at deltage aktivt i 'sex trafficking', handel med sex-slaver.

Hun fandt, at der her var tale om en helt uhyrlig kynisme - at bortføre unge, krigstraumatiserede kvinder for at sælge dem som sexslaver - når man samtidig er ansat i et firma, der arbejder under FN.

Dem, hun anklagede, blev fyret, men ikke retsforfulgt, da de var beskyttet af immunitet, fordi de arbejdede i regi af FN.

Kathryn Bolkovac blev også fyret - men lagde sag an imod sin tidligere arbejdsgiver for uberettiget afskedigelse. Hun vandt sagen og blev senere anerkendt for sin personlige styrke og sit mod.

Det er bemærkelsesværdigt, at ingen i hverken FN eller DynCorp nogensinde blev tiltalt eller straffet for disse forbrydelser.

Edward Snowden:
Arbejdede som systemanalytiker i det amerikanske efterretningsorgan National Security Agency (NSA).

Snowden indsamlede omfattende materiale i form af data (IT) vedrørende blandt andet den omfattende overvågning af både det amerikanske folk og fremmede landes regeringer og folk. Dette var i strid med internationale konventioner, ligesom det var i strid med amerikansk lovgivning.

Han videregav sine oplysninger til journalister fra Wikileaks samt aviserne 'The Guardian' og 'The Washington Post'.

Edward Snowden søgte politisk asyl i Rusland, hvor han fortsat lever.

Selv om materialet dokumenterer/beviser, at de ulovlige aktiviteter, der blev udtænkt og udført, direkte kunne føres tilbage til chefen for NSA, general Michael Hayden og den amerikanske præsident George W. Bush, blev disse aldrig tiltalt for noget.

Julian Assange:
Født i Queensland i Australien i 1971. Læste programmering, matematik og fysik på flere universiteter uden at graduere. Begyndte at hacke data i 1987 under navnet Mendax. Han og to andre dannede hackergruppen 'The International Subversives', der blandt andet hackede sig ind i Pentagons database, MILNET (det amerikanske militærs net), US Navy og NASA.

I 1991 blev han i Melbourne afsløret i at hacke sig ind i firmaet Nortels datafiler. Afsonede en kort fængselsstraf og endte med at bistå australsk politi i afsløringen af en omfattende pædofil-ring, som han hackede sig ind i og efterfølgende downloadede beviser imod, som han kunne fremlægge i retten.

I 2006 grundlagde Assange så 'Wikileaks' - der som organisation indsamler og offentliggør hemmeligholdte data fra anonyme kilder. Wikileaks er således en platform, der for eksempel offentliggør oplysninger fra whisteblowers til den store offentlighed, presse mv.

Wikileaks havde i 2015 offentliggjort mere end 10 millioner emails og dokumenter samt tusinder af videofilm af varierende indhold - meget omhandlende USA's militære overgreb i krigene i Irak og Afghanistan.

Wikileaks fik sit store 'gennembrud' og vandt international anerkendelse ved offentliggørelsen af 'Chelsea Manning-filerne'. Manning var en militær dataanalytiker, som mente, at det amerikanske militær skjulte for mange overgreb og forbrydelser, der burde have offentlighedens kendskab.

Julian Assange blev nomineret til en mængde internationale æresbevisninger for sit arbejde for at gøre 'den skjulte verdens hemmeligheder' kendt for offentligheden. Men det amerikanske militær betegnede ham som terrorist.

Han blev anklaget for voldtægt af to kvinder i Sverige under en rejse. Han søgte tilflugt på Ecuadors ambassade i London, hvor han lever i dag under ambassadens beskyttelse.

Anklager om seksuel 'misconduct' er ofte brugt, når det handler om at lukke munden på folk som man ikke kan lukke munden på på andre måder.

The Panama Papers:
Under tilblivelsen af denne bog dukker der så endnu en whistleblower op. Denne gang en anonym person med adgang til 11 millioner dokumenter fra et advokatkontor i Panama. Dokumenter, der redegør for, at statsledere, filmstjerner, adelige, diktatorer og milliardærer over en bred kam skjuler formuer i skuffeselskaber i den lille østat Panama. Beklageligvis offentliggør denne whistleblower dokumenterne på en sådan måde, at nogle magt-

fulde mennesker kan indsætte et filter imellem nogle af de implicerede og offentligheden. Men der er alligevel meget, der er kommet frem i lyset.

Det er, desværre kunne man tilføje, endnu en bekræftelse på, hvor primitive og asociale mennesker er – i særdeleshed mennesker, der har meget. For et almindeligt menneske vil 10 millioner være ufatteligt mange penge. Men alle disse tusinder af rige mennesker har skjult milliarder, penge som de har kunnet stjæle i kraft af deres betroede embeder eller uigennemskuelige selskabskonstruktioner. De er ikke indstillet på at dele noget som helst med alle dem, der ikke har ret meget.

Man kan sige det meget direkte: Når så mange topfolk indenfor den politiske og økonomiske elite skjuler deres formuer i skattely i Panama, så er det, fordi de er fuldstændigt ligeglade med andre mennesker. Når sådanne politikere og multinationale selskaber påstår, at de har en høj moral og tager deres ansvar for verdens udvikling alvorligt – så er det løgn. Billeder af mødre i Eritrea med børn, der er ved at dø af sult på armen, har absolut ingen effekt på sådanne mennesker. Det skal alle verdens almindelige mennesker vide, når de en dag tager opgøret med denne elite.

Uden input fra alle verdens whistleblowere ville alle disse informationer aldrig komme frem.

Min konklusion:

Whisteblowers som Julian Assange, Edward Snowdon, Chelsea Manning, Kathryn Bolkovac, Frank Grevil og alle de andre, som forbryder sig imod landes love for at afsløre lovbrud, korruption, undertrykkelse, magtmisbrug og krigsforbrydelser, er vor tids frihedskæmpere. De gør det ikke for egen vindings skyld, de gør det for at gøre offentligheden opmærksom på, at den er udsat for vildledning (spin) - og de gør det, fordi de mener, at menneskehedens frihed ellers bliver mere og mere indskrænket.

De kan, i mange tilfælde, regnes blandt de mest modige og uselviske blandt Jordens 6 milliarder indbyggere. Uden deres indsats ville man aldrig vide, hvad der foregår i en verden, der bliver mere og mere manipulerende, falsk og uigennemskuelig.

AT VENDE DEN NEGATIVE SPIRAL

Denne bog er ment som et 'wake up call'.

Det er en negativt ladet bog, fordi den verden, den beskriver, er en voldsom, blodig, snæversynet, åndsforladt slagmark, som kun er blevet sådan, fordi nogle generationer af voksne har hvilet på laurbærrene og ikke forholdt sig kritisk til dens udvikling. De krige, der skulle ende alle krige – 1. verdenskrig og 2. verdenskrig – blev ikke det, man sagde, de ville blive. De blev i stedet selve grundlaget for en kultur, der ernærer sig af krige.

Det er nu engang sådan, at selv om almindelige mennesker i demokratier kunne have en meget stor indflydelse på verdens udvikling, så har de det ikke. De er for uengagerede i verden. I det sekund, hvor de selv har det godt, bekymrer de sig ikke længere om, hvordan andre har det. Det ligger i almindelige menneskers natur...

Det er ikke det samme som at sige, at vi er fortabte.

Bogen er et velment 'spark i skridtet' på den offentlige mening - et forsøg på at vække ånden i dem, der endnu kan vækkes - i troen på at skabe en bedre verden.

Bogen er et resultat af den erkendelse, at man for at ændre noget som helst skal vække 'The Beast' - vække ungdommen - kun sådan kan man for alvor påvirke verden i en ny og bedre retning.

Nu er det op til dig!

Tak fordi du læste den til ende...

Links med relation til bogen:

WikiLeaks:
https://wikileaks.org/

Architects & Engineers for 9/11 Truth:
http://www.ae911truth.org/

Pilots for 9/11 Truth:
http://www.pilotsfor911truth.org/

Firefighters for 9/11 Truth:
http://ff911truthandunity.org/

The International Consortium of Investigative Journalists:
https://www.icij.org/

Global Investigative Journalism Network:
http://gijn.org/

Government Countability Project:
https://www.whistleblower.org/

Blue Gold - World Water Wars:
http://www.bluegold-worldwaterwars.com/

Zune Holm - Den sunde skepsis
http://www.bellamondo.dk/den-sunde-skepsis-dokumentarfilm/

Historien om familien Rothschild:
http://historienet.dk/kultur/kulturpersonligheder/rothschild-laante-penge-til-europas-overhoveder

Film du kan se på Youtube:

Four Horsemen - Feature Documentary - Official Version
(historien om hvorfor imperier går til grunde)

Oliver Stone - the untold story of the US
(Historien om et imperium i vor tid)

Blue Gold - World Water Wars
(en historie om de multinationale selskabers grådighed)

Nato's secret armies
(historien om hvordan Nato blev en trussel mod demokratiet)

PBS Frontline - The Secret Story og ISIS
(en historie om hvem der skabte ISIS)

H.A.A.R.P. (The beginning of the end)
(en historie om HAARP)

Hanford's dirty secrets
(en historie om magthaveres eksperimenter på deres egen befolkning)

The Tuskegee Syphilis Experiments
(en historie om magthaveres eksperimenter på deres egen befolkning)

JFK - The Speech that killed him
(den tale mange mener udløste drabet på John F. Kennedy)

Zune Holm - Den sunde skepsis
(en dansk filmmands input til 9/11 debatten)

Zune Holm - En "Konspirationsteoretikers" Bekendelser...
(en dansk filmmands input til 9/11 debatten)

Dr. NIELS HARRIT ~ "9/11 & The Seventh Tower"
(danske Niels Harrit om 9/11)

Prof. Dr. Niels Harrit about nanothermite on 9/11
(foredrag af Niels Harrit ang. 9/11 og nanothermite)

9/11 INTERCEPTED - Brought to you by Pilots For 9/11 Truth
(film om flyene fra 9/11, forklaret af piloter)

Architects and Engineers On 9/11
(en forening af professionelle byggefolks syn på 9/11)

The New Pearl Harbor (9/11 - 2 film)
(en film om baggrunden for 9/11)